教えて！先生シリーズ

梶野先生。大学の先生に喜ばれるレファレンスって何をすればいいの？

～ストーリーでわかる研究活動サポートの考え方～

茨城大学 URA（ユニバーシティ・リサーチ・アドミニストレーター）

【監修】梶野 顕明

目次

【登場人物】

●鈴木　智美：この物語の主人公で三十六歳。社交的で、何事にも前向きで意欲的。子育てと両立させながら、一年前から大学図書館での勤務を開始。

●小林　由紀：智美が働く大学図書館の同僚。智美ほどではないが、仕事にやる気を持っていて従順な性格。

●神崎　弘明：智美の上司で立新大学図書館の部長。大学図書館の司書・運営に携わって二十年のエキスパート。

●間瀬　加奈子：智美の大学図書館司書の友人。司書の研修会で一緒になって以来、情報交換をする間柄。

●正木　祥太郎：学術情報課の課長。二年前に別の大学図書館から赴任してきた。

●梶野　顕明：智美にＲＡとは何かを教えてくれる先生。二〇一二年、名古屋大学大学院工学研究科博士課程修了、博士（工学）。国立研究開発法人情報通信研究機構・研究員を経て二〇一五年三月に茨城大学大学戦略・ＩＲ室ＵＲＡ（University Research Administrator）として着任。二〇一八年度より、茨城大学研究・産学官連携機構ＵＲＡ。主に理工系分野の研究支援を幅広く担当している。科研費をはじめ各種競争的研究費の申請支援、組織的な産学官共同研究の推進、研究力分析、その他全学的な研究戦略推進および研究環境整備に係る業務に従事。令和元年度文部科学省『リサーチ・アドミニストレーターに係る質保証制度の構築に向けた調査研究』ならびに令和二年度文部科学省『リサーチ・アドミニストレーターの認定制度の実施に向けた調査・検証』ワーキンググループ委員。

※この作品はフィクションです。梶野先生と茨城大学以外の登場人物、団体、出来事などすべて架空の名称です。本書の情報は、書籍編纂時の二〇二四年二月現在のものです。

第1章

智美、大学の先生に対してできることを考える

智美、仕事のスキルアップについて考える

東京都西部の郊外にある立新大学は、私立の総合大学だ。緑豊かな田園地帯を有しつつ、最寄りの駅前には活気ある商業施設が立ち並ぶ。都心まで電車で三十分とアクセスも良く、その生活・交通利便性の高さから人気を集めるエリアに位置している。全体で一万四千人ほどいる学生の大半がここ桜山キャンパスに通っており、文学部、商学部、法学部、経営学部、国際文化学部、理工学部、情報コミュニケーション学部が設置されている。近年は研究に力を入れ始め、志願者数も年々増えているようだ。

桜山キャンパスにある立新大学図書館は、敷地のほぼ中心部に位置している。アーチ型の屋根はまるでアートのように美しく、打ちっぱなしコンクリートの内装は無機質で、クリエイティビティをかき立てる。地下一階、地上二階の三フロアから成る館内は開放的な造りで、九十万冊の資料を所蔵している頑丈な本棚群はキャレル席を囲むように設置されている。快晴で日光が燦燦《さんさん》と降り注ぐような日は、勉強をしに来た学生がキャレル席で隠れるように居眠りする光景を見かけることもしばしばだ。

立新大学図書館の司書として働く鈴木智美は、今年で三十六歳。アラフォーと呼ばれる年齢で、世間では中堅と思われがちだが、図書館の司書としてのキャリアはまだ一年。ようやく日常業務に慣れてきたので、勉強をして、より

高みを目指したいと思っている。

一限目の授業に向かう学生に紛れ、キャンパス内を小走りして図書館の裏口に向かっていた智美は、関係者通路の入り口に置いてあるタイムカードに手を伸ばして急いで打刻する。まだ五月の終わりだというのに、すでに夏の気配が感じられて、早歩きでもするとすぐに汗をかいてしまう。薄手の上着を手早く脱ぐと時刻は八時二十三分。ギリギリ遅刻は免れたことに思わず安堵する。小学生の一人息子の朝の支度を手伝ってから出勤すると、急いでもこの時間になってしまう。

智美がここで働き始めたのは昨年四月からだ。それ以前は、出産するまで、新卒で入社した人材紹介の会社で働いていた。子どもの通う小学校の図書館ボランティアをしたことがきっかけで図書館で働くことに興味を持ち、求人を探して、運良く採用されたのだ。事務室内には、すでに智美の上司である神崎弘明部長と、同僚の小林由紀が自席に座っていた。慌てて汗をタオルで拭い、自席に向かいながら「おはようございます！」と元気よく挨拶をする。

「智美さん、おはようございます」

後ろの席に座る由紀が笑顔でこちらを振り向く。由紀は、智美より八個下の二十八歳だが、司書歴は六年目で大先輩にあたる。立新大学では智美の同期で、以前は別の大学図書館に勤めていたらしい。

立新大学図書館は、館長以下、神崎事務部長がいて、その下に総務課、学術情報課、資料管理課の三つの課が設置されている。智美が働く学術情報課では、主に利用者対応、相互利用の対応や、学習支援、講習会・イベント開催が主な業務だ。学生や教員のみならず、一般開放で来館した一般利用者とのコミュニケーションもあるので、レファレンスの対応も図書館の利用方法からレポートや論文に使う資料の探し方まで、幅広い。まだまだスムーズに答えられないことも多いが、学ぶことも、人と接することも好きなので、日々楽しく仕事に取り組んでいる。

八時四十五分からの朝礼で業務連絡を終えた後は、各々が開館準備に移る。新聞の差し替えや、返却本の配架をし終えると、カウンターへと戻り、利用者の貸出や返却の対応が始まる。カウンターにはレファレンス専用のカウンターも設けていて、そこでさまざまな質問や調べものの相談に対応している。今日はカウンター業務に加え、利用者対応の一環で今度実施するイベントの企画運営を任されたので、その準備をする予定だ。前回はレポートの書き方講座を外部の講師にお願いして開催し、学生から大好評だった。今回は一般利用者向けにブックカフェを開催することにしている。午前中はカウンターの対応をしながら、午後まとめるイベントの資料や案内の内容を考えようかな……と思っているうちに、学生からレファレンスを求められて、あっという間にお昼休憩の時間になってしまった。

「あ、智美さん。それだけでお腹すきません？」

智美が多目的室でスープジャーに入れたスープと、朝急いで握ってきたおにぎりを二つ食べていると、ちょうどお昼休憩が重なった由紀が入ってきた。お昼休憩は職員順番に交代でとっていて、今日は智美と由紀が同じ時間帯だった。由紀はほとんどの日に、手作りの弁当を持ってきている。智美の隣に座ると、ほうれん草入りの卵焼きをはじめ、にんじんとインゲンの肉巻き、パプリカのマリネなど色とりどりのおかずが並ぶ、野菜たっぷりの弁当箱を開いた。

「由紀ちゃん、本当にいつも自炊頑張っていてすごいよね……」

智美が感心していると、由紀は「まあ、私は実家暮らしですし、前日の残り物とかも入れていて節約も兼ねているので」と照れ笑いをしながら、卵焼きを口に運ぶ。

「ところで、智美さん、今日も熱心に学生からのレファレンスを対応していましたよね。本当に尊敬します！」

どうやら、由紀は午前中に智美が対応していた法学部の学生のことを言っているらしい。卒論の資料で、夫婦別姓について調べているとのことで、関連する資料を探す手伝いをしていたのだった。

「やっぱり卒論を効率よく、滞りなく仕上げるには、文献調査が大事みたいね。そのためにいろいろ相談してもらえるとやりがいあるよね。レファレンスのスキルを上げるために、どういったレファレンス資料があるとか、利用者にどういった質問をすると求めている資料にたどり着きやすいかとか研究しているんだけど、なかなか奥深くってね……」

「智美さんって、本当にすごいですよね。そのやる気というかモチベーションの高さというか……。私は、定時内に何事もなく働けたらいい派なので……。もともと、本が好きなので図書館で働いてますけど、実際に働いてみると思った以上に利用者の方とのコミュニケーションが多くて大変です……」

と、ため息混じりに漏らす。対照的な由紀の反応に智美は戸惑いながらも、「そっかそっか、まあそういう考え方もあるよね、うん」と言って水筒の麦茶をコップに注ぎ、一気に飲み干した。

智美、大学図書館での研究支援の一端を垣間見る

「こんにちは。理工学部の川下ですが、神崎部長はいらっしゃいますか？」

ある日、智美がカウンター業務に当たっていると、五十代頃とみられる男性が、柔和な笑顔を浮かべて神崎部長を訪ねてきた。手には、ファイリングされている資料をいくつも持っている。首から提げたネームプレートは、理工学部の教授であることを伝えている。

「はい、神崎ですね。少々お待ちください」

智美は、川下教授に笑顔を向けると、早足で事務室に向かい、パソコンを真剣な表情で見つめている神崎部長に声をかける。

「神崎部長、理工学部の川下教授がカウンターにお見えです」

神崎部長は、パソコン作業をしている手を止め、少し考えるような表情をすると、

「ああ、そっか……。はい、ありがとう」と智美に応じ、カウンターに移動した。時々、川下教授が神崎部長を訪ねてきているのを遠目から見ることはあったが、理工学部の教授が、神崎部長を訪ねて何を話しているのだろうかと疑問に思っていた。智美は、訝しげな顔をしながら、神崎部長の後に続いた。

神崎部長はカウンターで待っている川下教授に近づくと何やら話しながら、バックヤードにある、会議室のほうへ

連れ立って歩いて行った。智美は、同じくカウンターで返却対応をし終えた由紀を捕まえる。

「ねえ、由紀ちゃん。神崎部長って、時々教授や講師の方と話しているけど、あれってどんな話をしているのかな？」

「えぇ？ さあ……聞いたことないですねぇ……」

由紀はいろいろと思案した結果、「レファレンス対応ってところじゃないですかね？」と、興味がなさそうにつぶやいた。智美もその後はレファレンスカウンターに移動し、文学部の学生のレポートに使用する資料集めに追われるうちに、神崎部長と川下教授のやり取りのことはすっかり頭から消え去ってしまった。

その日の午後三時、遅番のレファレンス担当の職員と交代して、智美が来月の講演会の予定表など資料整理をするために事務室に戻ると、ちょうど神崎部長も遅めのランチから帰ってきたところだった。

「ああ、鈴木さん、お疲れさま」

そう言って、自席に戻ろうとしている神崎部長を、智美は思わず呼び止めた。

「あの、部長。少し気になっていたことがあるのですが、今、少しお時間よろしいでしょうか」

「うん？ 大丈夫だけど、どうしたの」

神崎部長が突然の智美からの質問にやや身構えている様子が伝わってきた。

「あの、唐突な質問ですみませんが、今日の川下教授もそうですが、時々部長を訪ねてきている教授や講師の方と何か密談をしているように見えるのですが……。ただのレファレンス対応に見えないようなときもあるので、どんなお話をされているのか興味がありまして、教えていただくことは可能ですか？」

神崎部長は、智美が恐る恐る尋ねるのを見て、笑顔を向けた。

「ああ、やり取りが気になっていたんだね。川下教授からは、もちろん研究に使う資料のレファレンスを受けることもあるけど、大学図書館が契約している電子ジャーナルについて相談を受けていたりもするんだよね。大学の研究戦略という観点で、今後もっと伸ばしていく研究分野を教授からヒアリングして、それを実現するための環境整備の一環として、契約する電子ジャーナルを決めていたりもするんだ。もちろん、予算もあったりするし、僕だけの決定では難しいから、最終的には館長や大学の執行部との話し合いにはなるんだけど、教授からもらうこういった相談が、図書館としての研究支援につながっていたりするんだよね。うちの大学の教員や学生の活発な研究活動のために必要な研究分野は、できるだけ最新の情報を常に入手できる状態にしておくのが望ましいから」

「電子ジャーナル、ですか」

大学図書館で働き始めて一年経ち、電子ジャーナルの存在は当然知っているし、学生から聞かれるときもあるので、使い方の説明くらいならできるけれど、どちらかといえば、紙媒体に携わることが多く、智美にとってはまだまだ勉強不足な分野だ。立新大学図書館のホームページの〝蔵書・情報を探す〟というメニューからは、電子ジャーナルが選べて検索できるようになっているが、智美が把握しているのはほんの一部分にすぎない。

「そうだね。鈴木さんも知っていると思うけど、電子ジャーナルはパソコン端末から利用できる、電子化された学術雑誌のことだね。もともと紙媒体のものを電子化して提供しているんだ。主要な海外の学術雑誌は、大体電子ジャーナルで利用できるようになっていて、出版社ごとや、主題別に雑誌をまとめて契約するような形でパッケージ契約しているのが割と一般的かな。『目次』とかがついているから、読みたいページに飛べたり、キーワードで検索できたりして、学生もレポートや卒論書きのときに使うし、教授が研究に使ったりもしているよね」

神崎部長が、予想外に詳しく説明し出したので、智美はエプロンのポケットからメモ帳とボールペンを取り出し、メモを取り始める。

「それで、大学図書館における電子ジャーナルの利用可能な種類数は、年々増えていて、その予算のことも話しておこうか。たしか文部科学省のホームページにも書いてあるけど……」

神崎部長は、自席に移動するとパソコンに向かい、「文部科学省　電子ジャーナル」で検索をかけた。ヒットした画面をスクロールしながら、話を続ける。「あ、これこれ。〝大学図書館における電子ジャーナルの利用可能な種類数は、平成十七年度において約百五十四万種類であったものが平成十八年度においては約百九十四万種類と約四十万種類（26．0％）の増となっている。〟だって。予算に関しても〝電子ジャーナルに係る経費は、平成十七年度において約九十一億円であったものが平成十八年度においては約百二十二億円と約三十一億円（34．1％）の大幅な増となっている。また、大学図書館における資料費全体に占める割合も12．3％から16．3％と増加している。〟って書かれているね。これ自体は結構古いデータだけど、大学図書館で利用できる電子ジャーナルの種類は年々増えていて、図書館資料費に占める割合も年々増加しているんだ。外国の雑誌は、冊子主体の契約から電子ジャーナル主体の契約へ大きく切り替わっているんだ」

ところどころうなずきながら一生懸命メモを取っている智美の様子を見て、神崎部長もゆっくりとした口調で話す。

「これだけ電子ジャーナルの種類がたくさんあると、先生方がどのような研究をしているかによって、何を選べば良いかが全然違いますね。神崎部長と川下教授みたいに、かなり密にコミュニケーションを取らないと、適切なものを選ぶのも難しそうです……」

「うん、そうだね。だからこそああやって頻繁に『密談』みたいなことをして、教授の要望を聞いたりしているわけ。実際に研究に役立つものでないと、契約しても無駄になってしまうしね。ただ、海外の電子ジャーナルは、年度ごとに値上がりがあるんだ。バックナンバーの分、データ量が増えるからということみたいだけど、その点予算管理はちょっと難しいところもあるね」

全員の要望をすべて通すことはなかなか難しいんだよね、と神崎部長が苦笑する。きっと、教授や講師の方々からいろいろな意見が挙がるのだろう。

「そうなんですね。電子ジャーナルを選ぶ立場のことは考えたことがなかったので、勉強になりました。お忙しい中、ありがとうございます」

気が付いたら、神崎部長と話し始めてから十五分ほど経過していた。

「どういたしまして。また何か知りたいことがあったらいつでも聞いてね」

笑顔でそう言って、神崎部長はパソコンに視線を戻し、自身の仕事を始める。

（まずは立新大学でどんな電子ジャーナルが閲覧できるのか、調べてみよう）

智美は他の大学図書館から資料の問い合わせがあったことを思い出し、急いで自席に戻った。

智美、梶野さんの『司書トレ』の存在を知る

十六時半の定時を迎え、小走りで駅まで向かう。智美がホームにたどり着くと同時に滑り込んできた電車に急いで乗り込んだ。智美は車内で息を整えながら、以前大学図書館の司書研修を一緒に受けていた間瀬加奈子にＳＮＳのメッセージを送った。加奈子は関東近郊の国立大学図書館で司書をしているが、たまに連絡を取り合って、情報交換をしている仲だ。

―加奈子、久しぶり！　最近仕事は順調？　私はようやく大学図書館の仕事に慣れてきたけど、勉強の日々だよ！最近は教授や講師の方々の研究支援について興味を持っているんだけど、どこから勉強していいのかわからなくて、何かアドバイスください！―

帰宅後、夕飯の準備をしながら子どもの宿題を見ていると、加奈子からＳＮＳのメッセージが届いていたことに気づく。

―久しぶり！　智美、相変わらず志が高いね～！　うちの大学図書館でも今研究支援は熱いトピックだよ。司書ではないんだけど、ＲＡ（リサーチ・アドミニストレーターの略）っていう研究戦略の専門の職業があって、その方たちの話を聞くと勉強になるかもしれないよ！　うちの大学にもいるけど、国立大学とか、一部の私立大学には配置され

ていたりするよ―

「ＲＡ?」

智美はそのままスマートフォンで「ＲＡ　リサーチ」と検索すると、加奈子が言ったようなリサーチ・アドミニストレーターの情報が並んでいる。もともとは、欧米で企業研究を支える専門職として発展したらしい。

「おぉ……まさに私が知りたいことかもしれない」

智美が感動していると、さらに加奈子からＳＮＳのメッセージが届く。

―この前、私の大学図書館に、ＤＢジャパンの奥田さんって人が営業で来たんだけど、そのＤＢジャパンで「ＲＡ」の学び方について学べる「司書トレ」っていうサービスをしているらしぃよ。

https://study.shisho.online/

このサイトなんだけど、茨城大学でＵＲＡをしている梶野さんって人が「ＲＡ」の動画に出演していて、梶野さんがＤＢジャパン主催で近々講演会をするらしいから、その話を聞いてみたらいいかも!「ＲＡ」と図書館司書業務の共通点とか、図書館職員が果たせる「ＲＡ」的な役割とかが学べるみたいだよ―

加奈子は、講演情報の詳細まで送ってくれた。それによると、三週間ほど先の七月二十四日の日曜日に、新宿にあるセミナールームで講演会が行われるらしい。新宿は、智美の自宅からは電車で四十分ほどなので、無理な距離ではない。加奈子に教えてもらった司書トレのサイトを見ていると、梶野さんは茨城大学のＵＲＡ（大学のＲＡ）として活躍されているようだ。プロからＲＡの話を直接聞けるまたとないチャンスに智美は興奮し、夫の了解を得るとその日のうちにセミナーの申し込みをした。

―加奈子、ありがとう！　さっそく梶野さんのセミナーに申し込んだよ。楽しみ！―

―さっそく申し込んだんだ！　すごいやる気満々だね！　私も行けそうだから、後で申し込んでおくね―

加奈子も梶野さんのセミナーに参加するなら一層心強い。また近くなったら待ち合わせ時間や場所などを決めよう、と約束をし、楽しみのメッセージがついた猫のスタンプを押すとスマートフォンを閉じた。

第2章

智美、司書トレでＲＡの基礎を知る

智美、司書トレの『スキル・カテゴリー構成図』を知る

カウンター業務にあたっていると、大学生には見えない若いスーツ姿の女性が現れたので、智美は立ち上がり、「こんにちは」と声をかけた。

「こんにちは。ＤＢジャパンの奥田と申します。神崎様と十一時にお約束しているのですが、いらっしゃいますでしょうか」

智美は加奈子とＤＢジャパンの話をしたばかりだったため、タイムリーな来訪に驚いた。

「ＤＢジャパンの奥田様ですね。はい、神崎を呼んでまいりますので、少々お待ちください……」

と応対していると、由紀が神崎部長をすかさず呼びに行く。ちょうどカウンターには利用者がいなかったので、智美は思わず話しかける。

「私、鈴木智美と言いますが、実は今度新宿で開かれるＤＢジャパンさん主催の梶野さんのセミナーに申し込ませていただいたんです。間瀬さんっていう、大学図書館に勤めている友人から、司書トレやセミナーのことを教えてもらって」

奥田さんは一瞬驚いた顔をすると、合点がいったような表情を浮かべた。

「ありがとうございます！　間瀬さんからのご紹介だったのですね。先日、間瀬さんの大学にちょうど伺いまして、

弊社の索引の話や司書トレのお話をさせていただいたところだったんです。お二人がお知り合いとは存じませんでした！ セミナーにご興味を持っていただけてすごく嬉しいです」

「そうなんです。実はちょうど大学図書館で、先生方への研究支援についてもっと勉強したいなと思っていて、間瀬さんに相談したら、ＤＢジャパンさんの司書トレを教えてもらって、ＲＡというものを初めて知ったんです。それで、もっと学びたいなと思って、セミナーに申し込みました」

智美の言葉に奥田さんは目を輝かせると、話し出す。

「そうなのですね。私も、『ＲＡ』のことはもともとあまりよく知らなかったんですけど、そういった、大学の先生の研究支援をされるご職業があるということを知って、レファレンスという観点でも、図書館で働く方にも通じるものがあるのではと思って、梶野先生に司書トレへのご出演を依頼したんです。梶野先生のご説明がわかりやすくて、私も司書トレの動画を撮影しながらＲＡについて学ぶことができたんですが、こういう仕事もあるというのはあまり知られていないと思って。今回のセミナーで、ぜひ、皆様にも梶野先生のお話を聞いていただきたいと思っているんです！」

「そうなのですね！ とても楽しみにしています。よろしくお願いします」

智美と奥田さんが話に花を咲かせているところで、神崎部長が現れた。

「お待たせいたしました。それではこちらへどうぞ」

どうやら、奥田さんは索引の紹介が主な目的で来館されたようで、たくさんの索引が入っていると思しきバッグを肩から提げている。奥田さんは慌てて智美に「よければこれをどうぞ」とチラシを渡して、神崎部長と会議室のほうへ歩いていった。渡されたチラシを見てみると、梶野さんのセミナーの案内だった。

それから四十分ほど経った頃だろうか。打ち合わせを終えたのか、神崎部長とともにまたカウンター付近に奥田さんが現れた。智美は、経営学部の女子学生から、ダイバーシティ経営についての資料のレファレンスを受けて対応しているところだったが、目が合うと奥田さんが会釈したので、智美もカウンター越しに会釈を返す。神崎部長がエントランスまで見送ると、奥田さんは恭しく頭を下げ、図書館を後にした。

十二時になり、お昼休憩のために智美が事務室に戻ると、神崎部長が手招く。

「鈴木さん、ちょっといいかな」

智美が席に近づくと、神崎部長が手元のクリアファイルから何やら一枚の紙を出してきた。

「これ、さっき来ていたDBジャパンの奥田さんが、鈴木さんにぜひ渡してくださいって。DBジャパンさんのオンラインの動画研修サービスの『司書トレ』の基になっている『スキル・カテゴリー構成図』だって。ここに、司書が現場で求められているスキルが一覧になっているらしい」

智美が受け取ったその紙には、楕円の中にスキルの名称が散りばめられていた。その多さに目を見張る。

「それで、今度、DBジャパンさんが主催するセミナーに申し込んだって聞いたけど……」

智美がスキル・カテゴリー構成図を読み込んでいると、神崎部長が話を続ける。

「あ、そうなんです。実は、先日神崎部長からお話を伺った電子ジャーナルが気になって、その後いろいろ調べてみたんです。それで、前に司書の研修会で知り合った大学図書館の友人にも相談したら、セミナーを紹介されたんです。図書館司書ではないんですが、『RA』という、まさに大学の先生の研究支援をしている職業があるということを知って……」

智美が、先ほど奥田さんから渡された梶野さんのセミナーのチラシをおずおずと出そうとすると、神崎部長がすぐに反応する。

「ああ、RAのことは知っているよ。うちの大学にはいないけどね」

「そうなんですね、失礼いたしました。それで、偶然茨城大学のURAの梶野さんという方の講演会があるということを友人から教えてもらったので、勉強しに行こうと思っています」

図書館司書スキル・カテゴリー構成図

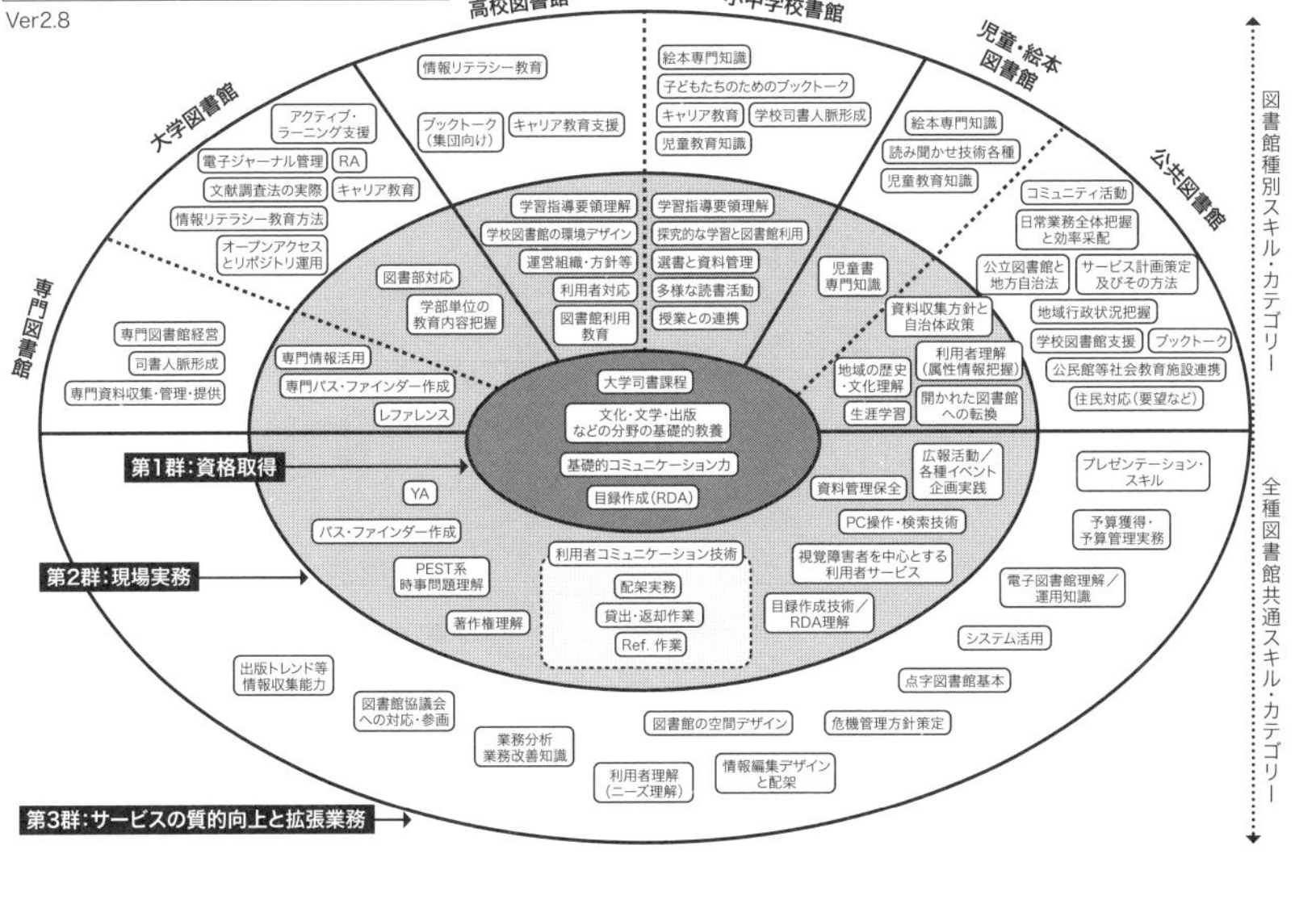

休みの日に参加するため、神崎部長には、セミナーに参加することは特に伝えていなかったのだ。

「鈴木さん、頼もしいね！　この前の電子ジャーナルの話でそこまで考えてくれていたなんて、こちらとしても心強いよ。もしよければセミナーに参加した後にも話を聞かせてくれると嬉しいな」

神崎部長はよっぽど嬉しかったらしい。いつもの三倍くらいの大きさになった声は事務室中に響き渡り、数人いる職員が何事かとこちらに注目している。智美は急に恥ずかしくなり、「はい、どこまで私が理解して帰ってこられるかは謎なのですが、私でお伝えできることがあれば……」と小さな声で答えた。

まさに今は「何がわからないのかわからない」状態なので、セミナーで聞いた話を伝聞で誰かに説明できる自信はない。

「うん、わかる範囲でいいから。よろしくね」

及び腰の智美を見て察したのか、部長はそう言うと「お昼休憩に食い込んでごめんね」と苦笑しながら智美をねぎらった。智美は、スキル・カテゴリー構成図を神崎部長から受け取って丁寧にクリアファイルに入れると、その場を離れた。


いつものように誰もいない多目的室に移動しておにぎりを頬張ると、先ほどのスキル・カテゴリー構成図を眺める。図書館司書に求められると定義されているスキル群を俯瞰的に見てみると、多種多様なスキルがあることがわかる。

「自分が学びたいスキルを選んで、動画でそのスキルごとの学び方を学べるってことね……」

独り言を言いながらうなずいていると、急に背後に気配を感じる。はっと振り向くと、背後から由紀がのぞき込んでいた。

「びっくりした……！　由紀ちゃん、驚かさないでよ！」

智美は思わず身を引くと、喉にご飯がつまりそうになり、咳き込みながら慌ててお茶で流し込む。

「いや、声かけようとしたんですけどね、あまりにも智美さんが熱心だったので、何を見ているのかな、と思って。それ、何ですか？　さっき神崎部長も盛り上がってましたよね」

「うーん、私も詳しくはわかっていないんだけど、DBジャパンっていう会社さんが提供している『司書トレ』っていう動画サービスがあって、この楕円の中に入っている項目一つひとつが動画になっているんだって。いわゆる研修動画ではなくて、学び方を学べるというのが特徴らしいけど……。で、私は今度この『RA』について話が聞けるっていうセミナーに申し込んでいて……」

由紀はしげしげと智美の横からスキル・カテゴリー構成図を眺めると、「すごい数ですね！」とその数に驚きの声を上げる。

「全種図書館共通カテゴリーだと、『資料管理保全』『視覚障害者を中心とする利用者サービス』『著作権理解』……。なるほど〜、必要な知識ばかりですね……。でもたしかに研修があっても予定が合わなかったりとか、会場が近くなかったりするし、こういう動画で学べる、みたいなやつのほうが効率的で良さそうですね。あ、今度、智美さんが行くセミナーのことも教えてくださいね！」

由紀はそう言うと、智美の手元のスキル・カテゴリー構成図から視線をずらし、「楽しみだな〜」と微笑みながら、サンドイッチの袋を勢いよく開けて、ハムレタスサンドを頬張り始めた。智美は思わず姿勢を正し、（これは、予習していかないと話がちんぷんかんぷんかもしれない。由紀ちゃんに教えるとなると責任重大だな……）と思いつつも使命感に意気込んだ。

智美、司書トレの「RA」を自学する

次の日、土曜日で仕事が休みだった智美は、夫と息子がサッカーをしに出かけるのを見送る。手持ち無沙汰になり、ポケットからスマートフォンを取り出すと、加奈子に教えてもらった「司書トレ」のサイトを開く。

画面を下にスクロールしていくと、次から次へと講師陣が現れる。まだ図書館司書歴の浅い智美でもわかるような、図書館関係の雑誌やホームページなどで見かけたような名前が並んでいる。

「いろんな人が講師として出演しているんだなぁ……」

ひと通り講師を眺めると、お目当ての梶野さんが出てきたので、プロフィールを読む。（私と一緒くらいの年齢かな……大学院まで出ていて優秀な人なんだな……）と担当カテゴリーをクリックすると、「RA」のページにたどり着く。

「これだ！」

買い物カゴに追加し、電子マネー決済ですぐさま購入することができた。

智美が動画を再生すると、優しい雰囲気の男性が画面に映る。

動画では、そもそもなぜ「司書トレ」で〝RA〟を取り扱っているのかを丁寧に説明してくれている。たしかに、スキル・カテゴリー構成図を鳥瞰したときから、〝RA〟は他のカテゴリーと比べても異色であるように感じた。正直なところ、〝視覚障害者を中心とする利用者サービス〟や〝キャリア教育〟などの他のカテゴリーと比べて聞きなれない印象だ。加奈子から教えてもらえたからこそたどり着くことができたが、自力で知るには、遠い未来か、知ることすら難しかったかもしれない。

梶野さんの流暢な説明には聞いたことのない言葉も多く、メモを取りながらでないと、右から左へ流れていきそうだ。慌てて一度動画を止め、立ち上がる。

「やっぱりパソコンで見よう！」

ノートを取り出して開き、メモを取る準備をしてから、

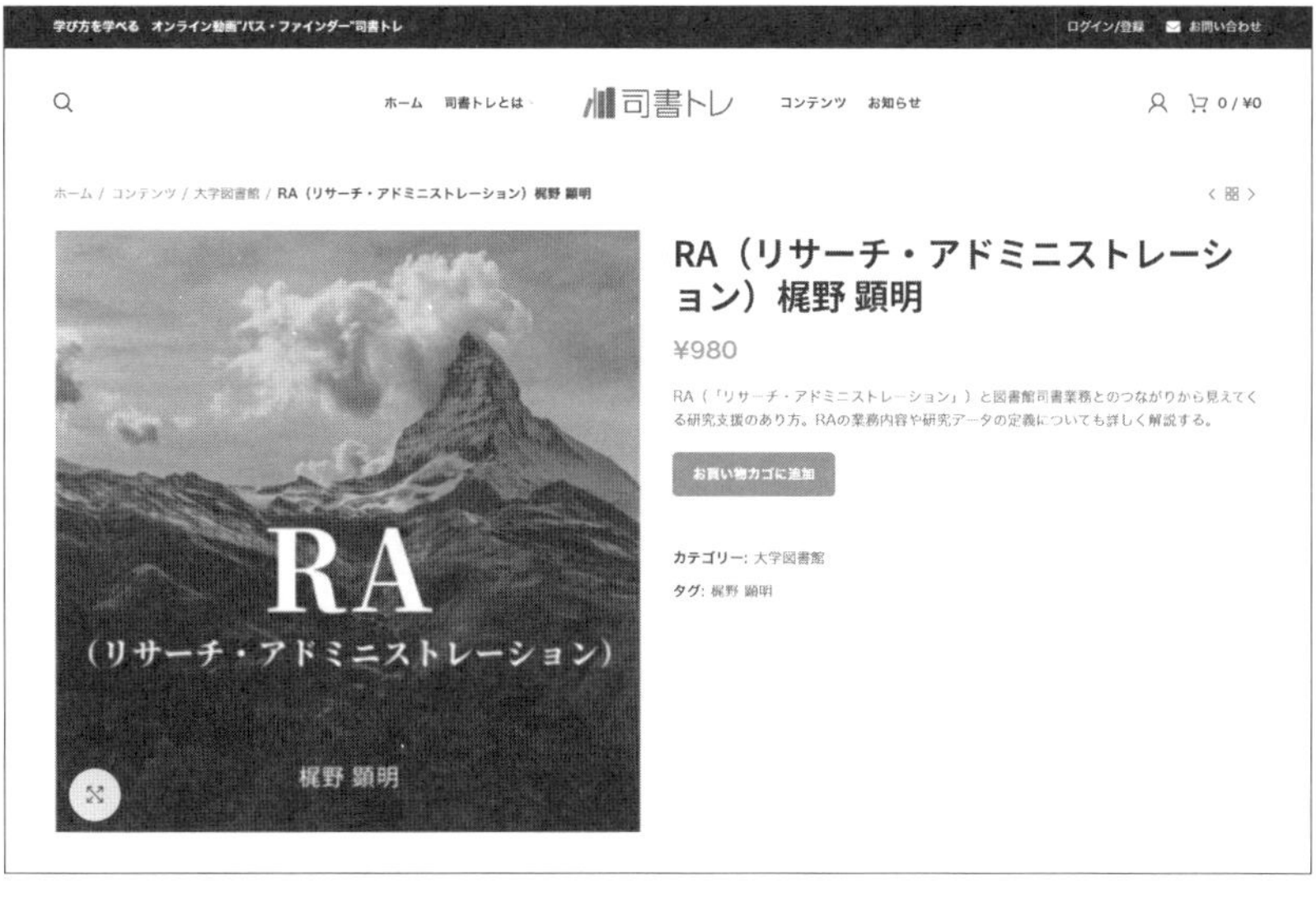

動画を再生した。

「RA」の基本とは？

それから二日後の月曜日、智美が〝英語多読〟の企画展示に使う、展示用の書籍を大学図書館の事務室のOPACで見繕っていると、背後から足音が聞こえてくる。

「あの～智美さん」

「ん？ 由紀ちゃん、どうしたの？」

「神崎部長から聞きました？『RA』のセミナーのこと」

「なんだろう？ 私が申し込んだセミナーの話かな？」

「そうです。で、ウチの大学図書館として、理解を深める人が多いに越したことはないから、智美さんと一緒に学んできてほしいって言われて……」

伏し目がちになりながらも、少し嬉しそうに由紀は続けた。

「セミナーの枠を調べたら、まだ空いていたので私もさっき申し込んだんです。当日はよろしくお願いします」

由紀は小さく頭を下げた。

「本当？ 由紀ちゃんと一緒だとすっごく心強いよ！ じゃあ私が一昨日見た『司書トレ』の『RA』の内容も、セミナーに行く前に共有しておいたほうがいいよね」

「ありがとうございます！」

そう返すと、由紀は事務室の時計をちらっと見た。智美もつられて視線を送ると、時計の針は十一時五十分を指している。

「智美さん、今日って私たち、お昼休憩のタイミング一緒ですよね？……もしよければ、そのときに『RA』のことを教えてもらえませんか？早めに理解しておいたほうがいいかなと思いまして」

由紀のやる気が見えて、智美は思わず目を輝かせた。

「うんうん、そうしよっか！お昼食べたら会議室に集合ね！」

十二時になり、食事を手早く済ませた二人は、だだっ広い会議室に隣り合わせに座る。

「え〜と、じゃあ『RA』とは何か？ってところから話すね」

「お願いします」

智美が「司書トレ」のメモを取ったノートを開くと、由紀が姿勢を正し、智美に体を向ける。

「まずRAの正式名称は、リサーチ・アドミニストレーターって言うのね」

「へぇ〜。……アドミニストレーター」

智美の視界に、首を斜めに傾けた由紀の姿が入った。

「リサーチは〝調査〟って意味だけど、やっぱりこの『アドミニストレーター』がわからないよね？　一昨日調べたら、直訳は〝管理者〟って出てきたんだけどさ」

「調査を管理する人、ってことは……。どういうことなんでしょう？」

「だよね。私なりの解釈なんだけど、大学とかの研究機関がやっている研究業務をサポートする意味合いがあるんだと思う。この辺、梶野さんのセミナーでも出てくるかな。まぁ、わからなかったら当日質問してみてもいいよね！」

「たしかにそうですね。でも、なんとなくは見えてきた気がします」

　由紀が自身のノートに「調査」「管理者」という単語を書き加えたのを確認すると、智美は自分のメモを指差した。

「あと、ここからが本題なんだけどＵＲＡっていうのもあってね。これは大学でのＲＡのことで、正式には『University Research Administrator』って言うみたい。『司書トレ』でもＲＡとＵＲＡを使い分けているんだって」

　由紀はさっきのメモに「大学でのＲＡ＝ＵＲＡ」と書き足した。

「梶野さんが言うには、最近の大学では研究者をサポートしたり、研究に集中しやすい環境を整えたりする必要性が強まってきているらしいよ」

「へ〜それは何かきっかけがあったんですかね？」

「うん、気になって、調べてみたんだけど、平成十六年（二〇〇四年）に国立大学が法人化されたことが関係しているみたい。それまでは国に管理されていたから、文部科学省が作った予算の範囲内でしか、研究を進められなかったんだよね」

智美は自分の思考を整理するように、身振り手振りを交えて続ける。

「でも法人化されたから、その縛りがなくなって……」

「あの～智美さん」と、由紀がおそるおそる智美の顔をのぞき込む。

「すごい初歩的な質問ですけど、会社も法人ですよね？」

「そうそう。だから大学も会社みたいに、その組織単体で事業を進めることになったんだよね。国からの『運営交付金』っていうサポートもあるんだけど、文部科学省の予算に依存することなく、独立した法人として大学経営の裁量が与えられた。その中で、研究の自由度も高まる想定もされていたんだけど……」

曇った表情の智美を、由紀は真剣な眼差しで見つめる。

「その分やらなきゃいけないことも増えて、研究者はけっこう大変みたい。場合によっては大学独自の研究プロジェクトを立ち上げたり、そのための資金調達もしたり、今までの業務にいろいろ乗っかってきているんだって」

「なるほど。それで、研究支援にかかわるＵＲＡが必要とされるようになってきたんですかね」

「だと思う。『あれもこれもやりたいけど、間に合わない！ＵＲＡさん助けてくれ～』って」

そう言って、頭を抱えるジェスチャーをしていた智美は、おもむろにペットボトルに手を伸ばす。

「ここからまだ続くんだけど、ちょっと喉乾いちゃった」

智美はゴクゴクと喉を鳴らしながら、ペットボトルを傾ける。その間、由紀はノートに大学の法人化についてのメモを書き足していた。ひと息ついて、智美が姿勢を正す。

「じゃあ続けるね。それで梶野さんの話によると、この『研究支援』っていうのが『研究者に対して効率的で良質な研究ができるように手助けをするような取り組み』とされているんだけど」

「なんだか学術的になってきましたね」

「ふふ。そうだね。たとえば今って、本を紙で見るよりも、デジタルで読む人が増えてきているよね？ 由紀ちゃんは電子書籍とか読む？」

「寝る前に、スマートフォンをいじりながら読むことはあります」

小さくうなずきながら、由紀はそう返した。

「研究にかかわる情報も同じで、デジタル化が進んでいるみたいだよ。あとは学術研究の内容をより多くの人に見てもらうためにどうするかを考えるとか、そういう業務も『研究支援』の一部みたい」

由紀は「うんうん」と相槌を打ちながら、心の中で智美の説明をループさせていた。

「質問ばっかりですみません智美さん。そうすると具体的に『URA』って、どういうことをするんでしょうか？」

「そうだよねぇ。私の考えなんだけど、たとえばデジタル化するには情報の扱いに詳しい機関にも頼る必要があるんじゃないかな。その流れで、他部署と連携したり、他の専門職との接点も増えたりするんだと思う。そのときに、結果的にURAが橋渡しの役割を果たすことも少なくないんだって」

「他部署って、大学内の他部署ですよね？」

由紀はノートに「他部署との連携」というキーワードを書きながら、智美に投げかける。

「うん。会社でも、営業部と企画部が連携して仕事を進めることがあるよね。それと同じことだと思う。大学にも、学生が就職相談できる部署があったり、大学のパソコンとか、システム環境を整備するような部署があったと思うんだけど」

智美は、自身の大学時代を思い返しながらそう話した。

「そう考えると、うちの大学の研究って、どんなことをしているのか、どこの部署とかかわってやり取りしているのか……意識して考えたことないかもしれません」

由紀はため息をつくと、ノートを書く手を止めて智美に視線を移す。

「まあね、今まではそこまで意識はしたことなかったもんね。でもほら、この前もちょっと話題に出したけど、神崎部長と理工学部の川下教授が、研究資料のことでやり取りしていたことがあったよね。あれも研究支援なんじゃないかなと思って」

「あ～、神崎部長が川下教授にしていることも、厳密にはＵＲＡではないけれど、近いことをしているんですかね」

由紀もうなずきながら、座ったまま伸びをする。

「そうだと思うよ。私も完全な受け売りになっちゃうけど……、重要な部分だから、日本のＵＲＡ制度について、一応まとめたから話すね」

ノートのメモを指で追いながら、智美が再び話し始める。

「え～と、本格的なＵＲＡ制度導入のきっかけとなったのは、平成二十三年度から始まった、文部科学省による『リサーチ・アドミニストレーター（ＵＲＡ）を育成・確保するシステムの整備』事業なんだって」

智美はそう語りながら、内容を改めて確認するように、手元のノートにピンクのカラーマーカーで印をつけた。

「ただ、なんでこの事業をやり始めたのか背景がよくわからなくて、文部科学省のホームページも見てみたんだけど。日本の大学では、研究に必要な資金の調達ができる人とか、学術論文の著作権、研究プロジェクトの実験データとかの「知的財産」を管理できる法律に詳しい人、そういう全部の仕事の流れを管理するマネジメント業務を担当する人材とかが不足してるんだって」

「たしかに、そういうジャンルってそれこそ会社だったら当たり前の領域かもしれないですけど。よくわからないですよね。……この辺も法人化の流れを受けて、大学がやる範囲が広くなって、困ってるってことなのかな」

由紀は、天を仰ぎながら考え込んだ。

「関係していると思う。研究者たちがそういう研究以外の業務をしなきゃいけなくなって大変みたいだよ。で、文部科学省が、大学とかで研究マネジメントを専門に担当する人材、つまりリサーチ・アドミニストレーターを育成・定着させるためのシステム整備を、全国的に始めたみたい」

するとと由紀は、少し微笑んで智美のほうを向いた。

「ということはやっぱり、研究者のためのあらゆるサポートをする人たちっていう、智美さんがさっき言っていた解釈のとおりですね……！　なんか、本当に全然知らなかったことばっかりです。研究者の人たちってそんなに大変だったんだ」

「私も『自由に研究できて楽しいんだろうな』ぐらいにしか思ってなかったからさ、いろいろ知ってびっくりしたよね」

「そうですよね。……これからうちの大学の先生たちの見え方も変わりそうです」

少しの沈黙の間、二人は自然と川下教授の顔を思い浮かべていた。そして、チラリと時計を見た由紀は、休憩終了まであと十分以上の時間が残っていることを確認し、こう切り込む。

「ちなみに、URAってやっぱり選ばれし者がなるって感じなんですかね。求人サイトとかに載ってるイメージがあんまりないんですけど」

「あ～本当だね。どんな就職活動をすればなれるんだろう。うちの大学みたいにURAがいない大学もあるしね。それこそ梶野さんの講演のときに聞いてみてもいいかもしれないけど……」

「そうですね！でももし求人があったとしても、URAっていう職業を知らなければ、そもそも見つけられなさそう」

「しかもURAは専門的な知識を持った人……とはいわれているけど、専門分野って先生の数だけあるから、難易度も高そうだよね？ただ、これが実現できたら、たしかに研究もはかどるんだろうな～」

そう口にする智美の表情は明るい。

「本当ですね。うちの大学はURAがいない分、そういう役割を私たちが少しでも担えるようになれたら……」

「なんか最初はハードルが高い話だと思ってたけど、実際に自分の大学でも起こっていることなんだもんね。あと、今って日本の大学の研究力が低下している問題もあるらしいよ。そこでも、ますますURAが必要だ！ってなっているんだって」

「そんな側面もあるんですね。セミナーに行ったらそういう深い話も聞けるのかな」

そうつぶやきながら、由紀は厳しい顔つきをしている。

「でもセミナーって再来週ですよね。その場で聞いて理解できるか、ちょっと不安だなぁ。智美さんに今日話してもらった内容、復習しなきゃ」

真剣な眼差しでノートとにらめっこをする由紀に、智美が持ちかける。

「なぐり書きでもよかったら、私が『司書トレ』を見ながら取ったメモ、コピーして渡そうか?」

「……いいんですか?」

「もちろん! というか、私だってURAと司書との親和性?っていうか、つながりとかがいまいち理解できてなくてさ。そのあたりのことをセミナーで聞けたらなぁってぼんやり思ってるレベルだよ。まあ、現時点では基本だけ押さえておけば大丈夫でしょ!」

智美は、由紀の背中をポンポンたたいて鼓舞する。ようやく笑顔になった由紀を見て、智美はセミナーまでの間に、図書館司書として、大学の先生の力になれそうなことを考えようと決意していた。

第3章

智美、ワンランク上の図書館サービスについて学ぶ決意をする

智美、梶野さんの『RA』のセミナーに参加する

梶野さんのセミナー当日。電車を降りた智美は、加奈子とのSNSメッセージでの会話を見返している。

―わかった。じゃあ新宿駅の南口で！―

―は～い。当日は同僚さんもよろしくね―

三人は、セミナーの前に駅で合流することになっていた。ホームの案内板を目で追いながら、智美は足早に改札へと向かう。「あそこの花屋さんのあたりで待ってようかな」と考えながら南口の改札を抜けたところで、聞き慣れた声が聞こえる。

「智美さ～ん」

人混みをするするとかきわけ、由紀が手を振りながら駆け寄ってきた。手を振り返すと同時に、後ろから加奈子も合流した。

「智美～久しぶり！」

「加奈子！久しぶり。よかった～、ちょうどみんな合流できたね。あ、こちら職場の同僚の小林さん」

加奈子にそう紹介すると、由紀はかしこまって一礼する。

「初めまして、小林由紀です。よろしくお願いします」

「こちらこそ初めまして、間瀬加奈子です。智美とは、司書の研修会で出会って、それ以来仲良くさせていただいています。もともとは、智美と同じく一般企業に勤めてたんですけど、今はN大学の附属図書館で働いています」

「間瀬さん、N大なんですね。国立大学ってことは……URAの方、いらっしゃいますよね」

「そうなの。ウチの大学にはURAがいて、普段から連携を取ってはいるんだけど。智美と話すうちに私も改めて勉強しよう！って思って」

　話に花を咲かせる二人の姿に、智美は頬を緩めた。

「加奈子は出会ったときからこのまんま、気さくでさ。『司書トレ』のことも教えてもらったりして、職場が違うのに助けてもらってばっかりだよ」

「そうなんですね！　それは心強いです」

「やめてよ〜！『司書トレ』の『RA』の件は、私も偶然知ったタイミングだったから、共有できればなと思って連絡しただけ。今日は私の知らないことも出てくるだろうから、いろいろ吸収しようっと」と、はしゃぎながらも加奈子は謙遜する。

　三人はそのまま他愛のない話をしながらセミナー会場へと向かう。七月も後半。ここのところ猛暑日が続いているが今日も例外ではない。歩いているときはもちろん汗だくだが、交差点に差し掛かり、歩みを止めるとさらに汗が噴き出るような気がする。

「ふう……」

智美はハンドタオルを鞄から取り出し、化粧が崩れないように額の汗を丁寧に押さえる。

「それで、こないだ加奈子に教えてもらった、梶野さんの『司書トレ』の『ＲＡ』を見て予習したんだけど」

「うんうん」

「初めて知ったこともあって勉強になったんだけど、うちの大学にはＵＲＡがいないじゃない？　モデルケースがいなくてイメージしづらい部分もあって……ね、由紀ちゃん」

智美が由紀に話を振ると「そうなんですよ。私は、司書トレは見ていなくて、智美さんから事前レクチャーしてもらったんですけど……具体的にどういうことをするか、とかの部分が想像しきれなくて、智美さんにいろいろ質問しちゃいました」と、視線を落とす。

「ただ私たちも、上司が大学の先生を支援しているところは何回か見てて。そういうのを大学として、本当はもっと注力したいみたいだから、私たちも研究支援の力になれたらなって思ってるんだよね」

真剣な表情でそう口にする智美を、加奈子が労ってくれる。

「たしかに、実際にＵＲＡに接してないとわかりづらいよね。ウチの大学にはＵＲＡがいるけど、研究資料の調査は、図書館員を頼ってレファレンスに来てくれたりするよ」

「へ～。私たちが想像するよりも、結構話す機会がありそうだね」

「うん。あとほら、たとえば私たち図書館員はＮＤＣ分類を知っているけれど、ＵＲＡの方はそういった分類記号は知らなかったりするのよ。文献探しにおいてはなんだかんだ頼ってもらえることは多い気がする。研究支援のサポートは少なからずできているのかな、って自負はあったりするんだよね」

　そんな実情を耳にして、智美は元気を取り戻す。

「そっかそっか、それを聞いたらちょっと安心した。大学の先生の役に立てることがあればいいなと思っていたから」

　智美の言葉に同調するように、由紀も胸を撫で下ろした。ちょうど信号が青に変わり、セミナー会場に向かって再び歩き出した。


　セミナー開始十五分前に、会場があるビルに到着した三人は、そのままエレベーターに乗り込む。五階のボタンを押したところで、智美たちと同年代くらいの女性と、眼鏡をかけた男性も乗り込んでくる。（みんな五階ってことは、ＵＲＡの方だったりするのかな……）と智美が想像している間に、セミナー会場のフロアに到着した。エレベーターを降りた廊下の先には、セミナーの受付スペースらしきものが見える。

「ん、あそこに奥田さんいるね」

　先日、立新大学にも営業に来てくれたＤＢジャパンの奥田さんは、来場者の確認と、今日の資料の配布をしていた。

　真っ先に見つけた加奈子が口を開く。

「こんにちは。お世話になっています」

　奥田さんは顔を上げ、三人に笑顔を向けた。

「あ、間瀬さんと鈴木さん、あと小林さんは初めましてですね、こんにちは。お待ちしておりました」

智美もかしこまって、挨拶する。

「先日はありがとうございました。今日は、梶野さんのお話を聞けるのを楽しみにしています。よろしくお願いします」

由紀も「よろしくお願いします」と後に続く。

「こちらこそよろしくお願いします！　こちら本日の資料です。このままお進みいただいて、お好きな席にお座りください」

奥田さんに促されるまま会場に入ると、すでに座席の六割くらいが埋まっていた。手元の資料を眺めたり、スマートフォンを触ったり、本を読んだりしながら、セミナーが開始されるのを待っている。

智美は会場の前のほうに目を向ける。中央には演台があり、その向かって右側に設えられた待機席に、ネイビーのスーツ姿の男性を発見した。

「ねえねえ、あれ梶野さんだよね？　本物だよね？」

智美が興奮して由紀に話しかけると、「智美さん、ちょっと落ち着いてくださいよ」と苦笑する。

「ふふ、本物の梶野さんだね。あと、その隣に座っている人わかる？　ＤＢジャパンの三膳社長だよ」

加奈子がそう教えてくれた。

「あ、写真で見たことある！　こないだウチの大学に奥田さんがいらっしゃったときにくれた資料があってさ。ＤＢジャパンの会社案内のところに載ってた気がする。写真のまんまだからピンと来たよ」

梶野さんと三膳社長は、時折笑顔で言葉を交わしている。改めて三人が席を見渡していると、ちょうど後ろから「前方の席にも、ぜひお座りください」と呼びかける奥田さんの声が聞こえた。

「じゃあ、二列目に座ろうか」

加奈子の提案にうなずき、前から二列目の中央付近に腰かけた。荷物を床に置き、それぞれがノートやペンを取り出す。資料をパラパラとめくって眺めていると、三膳社長がマイクを持って話し始めた。

「それではお時間になりましたので、始めさせていただきます」

後ろを振り返ると、いつの間にか会場の八割くらいの座席が埋まっている。ややざわついていた会場に静寂が訪れた。

「皆様、本日はお忙しい中、梶野顕明先生のセミナーにお越しいただき、誠にありがとうございます。本日、司会進行を務めさせていただきます、株式会社ＤＢジャパン、社長の三膳と申します。どうぞよろしくお願いいたします」

三膳社長が一礼し、一拍置くとさらに続く。

「本日は、茨城大学でＵＲＡとしてご活躍中の梶野顕明先生にお話しいただきます。セミナーのタイトルは『ＲＡから見る図書館司書の可能性』です。大学図書館では、学生へのレファレンス・サービスや学習支援も大事な役割ですが、研究者に対する研究活動支援も重要な役割の一つです」

参加者たちは、まっすぐ三膳社長を見つめている。

「本日は、その研究者支援という観点で、図書館司書と共通点の多いＵＲＡのお仕事内容や、研究支援のあり方についてお話しいただきます。最後には、質疑応答のお時間も設けますので、ご質問がある方はこの機会に梶野先生にご質問なさってください。それでは、梶野先生、どうぞよろしくお願いいたします」

三膳社長が、梶野さんへ微笑みかけ、客席に一礼する。入れ替わりで待機席でスタンバイをしていた梶野さんが参加者の前に立つと、朗らかな笑顔で口を開く。

「皆様、こんにちは。ただいまご紹介にあずかりました茨城大学、ＵＲＡの梶野です。本題に入る前に、お手元に資料はありますでしょうか。ない方はお知らせください」

梶野さんが、ホチキス止めの資料を見せている。参加者が皆うなずいているのを確認すると、

「今三膳社長もお話されていましたが、今回のセミナーでは、大学におけるＲＡ、つまりリサーチ・アドミニストレーターと、図書館司書の業務とのつながりに焦点をあてた、研究支援についてお話をしていきたいと思います。ＵＲＡってあまり耳馴染みがないですよね？　今お勤めの図書館にＵＲＡがいるという方、もしくはご自身がＵＲＡという方はいらっしゃいますか？」

と梶野さんが問いかける。智美が会場を見渡すと、参加者のうち、加奈子を含む三〜四人が挙手していた。

「ありがとうございます。やはり、少なそうですね」

（たしかに、思ったより少ないかも。参加者は、私たちみたいに、『ＵＲＡ』がいない大学図書館の司書の方が多いのかな……）

智美がそんなことを考えていると、同じようにキョロキョロしている由紀と目が合った。なんとなく同時にうなず

RAとURA

●RAとは

RA (Research Administrator)。研究機関において、研究力活性化のための分析、推進、管理、支援やその利活用に関する業務、いわゆるリサーチ・アドミニストレーション業務をおこなう専門人材のこと。

●URAとは

URA (University Research Administrator) の略。RAの中でも大学における専門人材として、区別して使われることも。

出典:一般社団法人リサーチ・アドミニストレーション協議会(RA協議会)ホームページ(https://www.rman.jp/)

いて、また梶野さんの声に耳を傾ける。

「詳しいことはこの後お話していきますが、どの大学にも研究している先生はいらっしゃると思います。セミナーの前半は、その研究を支えるURAがなぜ必要とされるようになっているのか、そしてURAはどんな人材なのかをお話します。後半では、URAと大学図書館、および司書業務との接点についてご説明しますね」

「URAと大学図書館、および司書業務との接点」との言葉を受けて、興味津々で梶野さんを見つめる加奈子の様子が、智美の視界からもはっきりとうかがえた。

「またURAがいない大学は多いものの、教授に対するレファレンスをしている方もいらっしゃるはずです。その対応の質を上げるために、普段私が気を付けていることを参考にして持ち帰ってもらえたら幸いです。ちなみに、前置きですがRAとは、研究機関を支える専門職としての職種のことを指します」

智美は、『司書トレ』の内容を思い返しながら、資料と梶野さんの間で視線を往復させる。

大学における研究支援ニーズ増加の背景

●多様な研究支援、研究環境整備のニーズの高まり

→大学の研究分野が多様化しており、それぞれの分野に特有のニーズや要求が生まれている。研究者はますます高度なサポートを必要とし、図書館や研究支援部門に対する期待が高まっている。

●リサーチ・アドミニストレーター（URA）を育成・確保するシステムの整備

我が国の大学等では、研究開発内容について一定の理解を有しつつ、研究資金の調達・管理、知財の管理・活用等をマネジメントする人材が十分ではないため、研究者に研究活動以外の業務で過度の負担が生じている状況にあります。
このような状況を改善するため、文部科学省は、研究者の研究活動活性化のための環境整備及び大学等の研究開発マネジメント強化等に向け、大学等における研究マネジメント人材（リサーチ・アドミニストレーター：URA）の育成・定着に向けたシステム整備等を行っています。

出典：文部科学省ホームページ　(https://www.mext.go.jp/)

「大学でのＲＡは、最初に『University』をつけてＵＲＡと呼ぶことが多いので、本講演でも、大学でＲＡを行う人材のことをＵＲＡと呼びますね」

参加者を見渡しながら梶野さんがそう説明すると、周囲のうなずく様子がうかがえた。智美の前の席に座っている女性は、猫背になるほど熱心にペンを走らせている。

「最近、大学ではさまざまな研究支援や研究環境整備に関する需要が増加し、人材が足りていないという背景もあり、文部科学省がＵＲＡを育成する事業をスタートさせました。これが平成二十三年（二〇一一年）ぐらいのことですね。この中で、学術研究をオープン化させる際などに、大学図書館司書の役割も変化してきました。それに伴い、学内の他の部門と連携する機会や、他の専門家との協力がますます広がると思われます。文科省の取り組みについては、こちらの資料にも詳しく書かせていただいています」

梶野さんは、ホチキス止めの資料と同じスライドを前方のスクリーンに映した。

URAの業務

●主な業務内容

研究戦略推進支援	政策情報分析、研究力分析など
プレアワード	研究プロジェクト企画、外部資金獲得支援など
ポストアワード	プロジェクト進捗管理、評価対応など
関連専門業務	国際連携支援、知的財産、研究広報など

（ここも司書トレで習った内容だ、予習してきてよかった）と、智美はうなずきながら、予習ノートに書いてある単語を見る。

「このようにURAとは、研究にかかわる学術的な専門性も理解しながら、大学組織の機能強化に貢献できる人材として期待されている存在なんです」

　また、日本の大学の研究力が低下していると指摘される中で、研究者の研究環境を改善する意識が高まっているとの話題も出た。以前、由紀に説明した内容と相違がないことが改めてわかり、智美はホッとした。そして、（いつかマネジメントにもかかわれるような、研究に貢献できる存在になりたいな……）という考えをめぐらせながら、梶野さんの穏やかながらも冷静な語り口に聞き入っていた。

「では、URAの主な業務内容から説明します。URAの仕事は、資料にあるように主に四つに分かれています。前提として、これから話す業務はすべてのURAが網羅的に行っているわけではありません。業務の一部を分担していたり、プロジェクトごとに業務を切り分けたりと、大学によって業務体制がさまざまだということをお

URAの業務について①

研究戦略推進支援

- 国の科学技術政策情報の収集・分析
- 組織的な機能を拡充するため、施設情報に関連したデータベースの整備、情報分析機能の強化
- 自大学の強み・弱み分野を把握、研究者情報のデータベースの整備などの研究力の分析
- 組織的な研究教育資源を有効活用するために、組織の改編や研究拠点の整備、研究支援体制を構築するための立案や支援、関係部局との調整

プレアワード

- 研究プロジェクトの企画
- 外部資金獲得のための情報収集
- 研究プロジェクト実施のための対外的な折衝や調整
- 必要なデータの収集や、申請書作成支援
- プレゼン資料の作成や作成支援、資料作成のためのセミナー開催

伝えしておきます。では、その業務について、東京大学が作成した『URAスキル標準』としてまとめられている、最も有名なものをもとに話しますね。まず一つ目は、〝研究戦略推進支援〟です」と梶野さんは、該当ページを掲げて参加者に見せる。

「所属機関の中で、新たに研究プロジェクトを立ち上げる場合を考えてみましょう。研究プロジェクトを成功させるには、たとえば国の科学技術政策の分析や、自大学の研究力を分析し、現状を理解する必要がある。国の科学技術政策に関する情報には、今後の科学技術に求められることや、注目度が高い研究領域が示されているので、プロジェクトの方向性を決める材料にもなりますよね。自大学の強みがわかればそこを生かした研究も考えやすい。弱みに対しては、克服のために力を入れるのか、外部の協力を仰いでリスクを抑えるのか……など、対策を考えやすくなります。このように、さまざまなプロセスや業務を効率化し、プロジェクトの基盤を整える大事な役割を果たしているんですね」

智美は、(なるほど、今までウチの大学の研究の強みとか弱みとか、

URAの業務について②

ポストアワード

- プロジェクトの進捗状況の把握・調整・予算管理
- 研究チームのミーティングの運営
- 研究資金配分機関によるプロジェクト評価への対応
- 各種報告書に必要な研究成果などの整理
- 研究者・研究チームとの調整や整理を行ったのち報告書のドラフトを作成

関連専門業務

- 教育研究拠点の形成や連合大学院の設置
- 大学院教育を主とした連携支援などの教育プロジェクトの支援
- 国際連携、産学連携、知的財産のマネジメント
- 研究資料・試料・データの管理支援
- シンポジウム等の企画運営
- 研究成果の効果的な発信のための広報活動など

考えたこともなかった。この視点を持てるようになろう……）とメモを取るペンを走らせた。

「二つ目の〝プレアワード〟も研究プロジェクトの成功には欠かせない、非常に大事なステップです。これは、研究に必要な研究資金を獲得するための支援業務のこと。研究者が適切な資金を獲得し、研究計画を効果的に実行できるようにサポートするんですね。

三つ目の〝ポストアワード〟は、研究費を獲得した後、研究プロジェクトの実行と管理をサポートする業務のことです。たとえば何にどのくらいのお金を使うのかをまとめる予算管理や、プロジェクトに関する契約管理ですね。他にも研究成果の報告、プロジェクトの進捗管理なども行います」

（URAって、研究をトータルでプロデュースするような存在なんだ）と智美は、資金獲得のための業務が多岐にわたることや、資金獲得をした後の研究プロジェクトの運営など、URAが担う業務範囲の広さにあっけに取られていた。由紀は隣で深くうなずきながら、梶野さんの話に聞き入っている。

「最後の〝関連専門業務〟は、研究に関する周辺業務です。学術論文の著作権、研究プロジェクトの実験結果のデータなどの知的財産に関するマネジメントや、国際連携支援もその一つ。国際連携支援は、交換留学プログラムや国際的なシンポジウムの開催などによって、学生や研究者が海外のコミュニティと連携しやすくするための取り組みのことですね。さらに、研究成果を外部に発信する広報的な側面もあります」

梶野さんはゆっくりと参加者を見渡しながら続ける。

「そして、研究を自大学だけで完結させずに、いくつかの大学や研究機関で協力して進めることもあるんですね。そういった国際的な科学技術協力の推進など、研究成果を最大化するためのさまざまな支援もしています」

（企業だったら、広報だけでも独立した部署になったりしてるのに、ＵＲＡは本当に何でもするんだなぁ。てことは、加奈子は普段からこういう業務に少なからず触れてるってことだよね）と、智美は加奈子がまぶしく見えた。

「このように、ＵＲＡの業務は多岐にわたりますが、一方で、ＵＲＡに求められる具体的な役割は、大学によって多種多様です。ここで、ＵＲＡの業務について詳しく知るための資料も紹介しておきますね」

智美は、手元の資料に目を落とす。

「まず、『一般社団法人リサーチ・アドミニストレーター協議会』の報告書、そして文部科学省の『リサーチ・アドミニストレーターの認定制度の実施に向けた調査・検証』事業の報告書ですね。この調査や協議会の目的は、ＵＲＡというシステムを国内の大学で発展させ、認定制度を活用してもらうためであったり、普及する上での課題やその解決方策を検討するためだったりします。私自身も、認定制度実施に向けた調査・検証を行うワーキング・グループの委員も務めていたんですよ」

　さまざまな活動をしてきた梶野さんに向ける参加者の眼差しは、ますます熱を帯びてきた。

「また、海外の大学のURAについてご関心がある方は、たとえばアメリカのURA業界団体、NCURA（National Council of University Research Administrators）のホームページなども一度ご覧になってはいかがでしょうか」

　智美はふと、メモを取っていた手を止める。

（URAに求められている役割は大学によっていろいろなんだよね。……となると司書の私って、もっと「どういう役割でどういうことができるか」が見えにくいような）

　そんな智美の心中をまるで察したかのように梶野さんの話が始まる。

URAの業務理解に役立つ資料

●一般社団法人リサーチ・アドミニストレーション協議会の報告書

「活動促進事業」「人材育成事業」「情報発信・普及啓発事業」「連携推進事業」「特別事業」などに分けた事業計画や活動実績をまとめている。

●文部科学省の『リサーチ・アドミニストレーターの認定制度の実施に向けた調査・検証』

リサーチ・アドミニストレーターに関して、質保証を目指す認定制度を構築するための調査内容や検証結果を記載している。認定制度の評価基準や設定レベルが理解できる。

●NCURA(National Council of University Research Administrators)のホームページ

アメリカ、カナダのURAを束ねる会員組織が、大学などの研究機関の研究活動を牽引するために、教育支援や専門性を高めるプログラムを行っている。

「URA」と図書館司書の共通点とは？

「ここまで、URAの定義や、業務内容についてお話をしてきました。さて、ここからは、URAと大学図書館、および司書業務との接点についてお話していきたいと思います。今日来ていただいている皆さんも大学図書館でお仕事をされている方が多いかもしれませんね。差し支えなければ、挙手していただいてもいいですか？」

梶野さんの問いかけに、会場の七割方は、ばらばらと手を挙げている。もちろん、智美も由紀も加奈子も挙手した。

「ありがとうございます。ぜひ、皆さんのお仕事の参考にしてもらえると嬉しいです」

梶野さんの呼びかけに賛同するように、周りの参加者たちがうなずく。それと同時に、新たなスライドには「研究支援としてのレファレンス・サービス」との文字が映されている。周りの参加者たちが一斉に資料をめくる音が聞こえた。三人も資料をめくり、前のめりになってメモを取る体勢に入る。

「まず、研究支援という観点から見た、〝レファレンス・サービス〟についてです。レファレンス・サービスは、利用者が調べたいと思っていることや、求めている書籍や学術資料に対しての情報提供や、文献調査のサポートなど、図書館司書の代表的な専門業務として知られていますよね。たとえば、インターネットのキーワード検索だけでは見つけ出すのが難しい資料でも、的確にインタビューすることで、限られた情報や抽象的な情報から正解へとたどり着けるような、検索スキルが発揮される業務といえます」

研究支援としてのレファレンス・サービス

レファレンス・サービス

教員の研究に関する文献調査	研究を一定程度理解した上で、書籍もしくは論文などの情報を他の参考情報も含めて提供する。

研究力の分析

論文などの情報を活用して自大学の研究力を分析する	“引用文献データベース”を利用して、研究成果の影響力がわかる。 引用数（他の論文からどのくらい引用されているかの指標）を調査する。

先ほど、「大学図書館で仕事をしている」と手を挙げた一列目の男性が、大きく首を縦に振っている。

「さらに、利用者のニーズをきちんと把握できれば、参考となる別の資料や、他に利用者が関心を持っていそうなもの、などの新たな提案にもつながります。大学図書館であれば、学生の卒論だけでなく、教員の研究に関する文献調査の相談を受けることもあるでしょう。その際、研究というものを一定程度理解した上で、書籍、あるいは論文などの情報を、他の参考情報も含めて提供できる。これはまさしく、研究支援の業務であるといえますね」

智美は、ＵＲＡとは違って自分が専門性を持ち合わせていない中で何ができるのかモヤモヤしていたが、この話を聞いてようやく（この内容なら、たしかに今やっている業務の延長だもん、私にもできるかも）と希望の光が見えてきた。そして梶野さんの〝図書館司書の専門業務〟という言葉が、会場に来る前に「文献探しにおいては、なんだかんだＵＲＡに頼ってもらっている」と話していた加奈子との会話とも重なる。神崎部長と川下教授のやり取りも、とても身近に思えてきた。

「先ほどお話したように、研究プロジェクトには外部資金を獲得して進めるケースもあります。そのためにURAは、研究テーマを立案する前に、先行研究がないか、あるとしたらそれはどんな内容かを調査する支援を行う。このように、研究活動に必要な、適切な情報を素早く見つけて提供する、というのはURAと司書の大きな共通点といえます」

「URAと司書の共通点」という言葉にさらに智美は安堵した。智美がちらりと視線を移すと、司会席にいる三膳社長も梶野さんのほうを見ながら、うなずいている様子がうかがえる。レファレンス・サービスに使うための索引を作っている会社だからこそ、その重要性をより理解しているということなのだろう。立新大学も、DBジャパンの索引は数冊所蔵していて、主に文学部の学生のレファレンスに使うことが多い。

梶野さんはさらに次の話題へと移る。

「もう一つの共通点は、論文などの書誌情報を活用した〝研究力の分析〟です。自大学の研究が、他の論文に引用されていればいるほど、注目を集めているといえる。つまり業界への学術的なインパクトを与えている証拠になっているんです。ということは競合から見て『質の高い研究をしている』大学、つまりは『研究力が高い』大学だと思ってもらえるのです。こういった事実を調べるために引用データベースを活用するんですね。引用文献データベースは、膨大な書誌情報に基づく論文そのものの検索だけでなく、その論文がどのくらい他の論文から引用されているか、引用されている数に関する各種指標を用いて、論文、つまり研究成果の影響力が見えるようになっているツールです。具体的にどのようなものがあるか、参考までに、代表的なものを皆さんのお手元の資料にも入れていきます」

研究力分析に有用な引用文献データベース

●引用文献データベースとは…

学術論文や研究文献を収集、整理、検索するためのオンラインツールやデータベース。関連文献を見つけたり、他の研究の引用を追跡可能。

引用文献データベースの一例	
Google Scholar	Googleが提供する無料の文献検索エンジン。さまざまな学術分野の文献が検索可能。
Web of Science	科学技術分野の文献をカバーするデータベース。引用情報を提供し研究の影響を評価するために使用。
PubMed	生命科学分野に特化。医学や生物学に関連する論文を収録したデータベース。
Scopus	多岐にわたる学術分野の文献を収録し、引用情報を提供するデータベース。研究評価やトレンドの分析に使用。

智美は、文献のレファレンスでも利用することのあるGoogle Scholarは知っていたが、それ以外は初めて見た。

「こういったデータベースや、それに付随する分析ツールを契約している大学は少なくありません。また、研究者が論文を投稿する際、どのジャーナルに出すのがよいか、候補を探すことにも活用できます。研究者はより注目度の高い、評価の高いジャーナルを狙いたいので、そういった情報を効果的に集め、検討する過程でも役立てています。そして引用文献データベースは、自大学・自機関の研究力分析の他に、目標としてベンチマークしたい大学や研究機関の情報を調べる際にも活用されます。自大学の中で数多く論文が出ている研究分野や、他の論文からどれくらい引用されているかで、注目されている分野などの『強み』を抽出し、大学組織としての研究戦略立案へと生かすことができるんですね。ベンチマーク先の大学や機関の強みと比較することでも、自大学の戦略を見出すことができるでしょう」

これまで使ったことがないような、データベースの使い方を知った智美と由紀のメモを取る手は止まらない。

「国立大学法人等であれば中期目標期間評価（※1）といった法人評価（※2）の際にも、これらのデータベースが用いられています。また、論文を掲載するジャーナル自体の指標や影響力も見ることができます。多くの大学図書館では、電子ジャーナルを購読契約することで、利用できるようになっていますよね」

智美は、神崎部長と自分の会話を思い出した。電子ジャーナルの契約のことは聞いていたが、論文が他の論文からいかに引用されているのかが確認でき、それによって研究戦略に役立てられているとは、まったく知らなかった。

（引用文献データベースって、こんなに深い活用ができるんだ！　私もこの分野、もっと勉強しなくちゃ）

智美は梶野さんの講演に耳を傾けながら「レファレンス・サービスの延長にある研究支援を早くできるようになりたい」という欲望がむくむくと自分の中で湧き上がってくるのを感じた。

その後も、図書館司書とＵＲＡの接点について、梶野さんの説明が続く。

「……そして最後に、これらが今後図書館とどのようにかかわっていくかという点について触れたいと思います。海外の大学では、研究データ管理支援は図書館と連携する業務とされています。また、ご存じの方も多いと思いますが、『リポジトリ』という、大学や研究機関で生産された論文などの資料をデジタルデータの形で収集・保管して、公開・発信するインターネット上の学術情報資源管理システムがありますね。研究の中で生まれた測定・計算結果や図表、インタビュー調査の音源なども含めた研究データ自体も、論文や書籍などと同様に、『リポジトリ』に公開される可能性があるといわれています。そのことから、将来的には『研究データのレファレンスサービス』のような専門業務も生まれてくるかもしれません」

立新大学にもリポジトリが設置されているので、梶野さんの話に同意するかのように由紀が横でうなずいている。レファレンスに対応するための資料が多様化することは、自分たちの業務に直結する。「さらに最近、このような動きを受けて、大学などの研究機関においては研究データを収集、管理、共有、保管、利用する上での基本方針をまとめたポリシー（※3）の策定が求められるようになってきています。ポリシー策定には、情報関係の部署、研究協力関係の部署、URA、現場の教員などの関係者と横断的にかかわっていくことになります。データポリシーについてより詳しく知りたい方は、

※1　文部科学大臣が六年の間に達成すべきものとした「中期目標」に対する、国立大学法人の業務実績を、文部科学省が定期的に確認・評定する仕組み。

※2　文部科学省が、国立大学法人の業務運営・財務内容に関する目標への実績を毎年、教育研究の目標に対する実績を四年、六年目終了時に評価する仕組み。

※3　方針や指針。ここでは機関内でのデータの収集、管理、共有、保管、利用に関する基本方針などのこと。

リポジトリ

●リポジトリとは

情報をデジタルデータとして収集・保管し、公開・発信するインターネット上のデータベース。研究に関するリポジトリとは、大学や研究機関で生産された論文などの資料をデジタルデータの形で管理するデータベースのことを指す。

●リポジトリに公開される情報の広がり

論文などの資料だけでなく、研究データそのもの（研究の中で生まれた測定・計算結果や図表、インタビュー調査の音源など）が管理されるようになる可能性も。

研究データに関するポリシー策定の動き

●研究データポリシーとは…

研究データの取り扱いに関して、遵守すべき規則やガイドラインを設定すること。
機関における研究データの把握と管理や、研究データ共有・公開の促進、責任ある機関提供と利活用の促進などを目的としている。

ポリシー策定の事例 （※2023年5月現在）

京都大学（2020年3月）、名古屋大学（2020年10月）、東京工業大学（2021年4月）
東北大学（2021年12月）、金沢大学（2022年3月）、群馬大学（2022年7月）
慶應義塾大学（2022年7月）、神戸大学（2022年7月）、佐賀大学（2023年2月）
東京大学（ 2023年2月）、一橋大学（2023年3月）、愛媛大学（2023年3月）
信州大学（2023年3月）、九州大学（2023年3月）、東京外国語大学（2023年3月）
同志社大学（2023年4月）

先行して作成している京都大学、名古屋大学のホームページを見てみるといいでしょう。このように、大学で日々行われる学術研究と、大学図書館司書の業務は、今後ますます密接にかかわってくるかもしれませんね。このポリシー策定についても資料に補足を入れておきましたので、ご参考いただければと思います」

智美は、資料に列挙された大学の数の多さに驚いた。

「今回のセミナーにご参加いただいた皆様の、これからの学びの助けに少しでもなれば幸いです。本日は、ありがとうございました」

約一時間の講演はあっという間だった。梶野さんが一礼すると、参加者から拍手が湧く。拍手がまばらになったところで、三膳社長が立ち上がり、挨拶をする。

「梶野先生、ありがとうございます。URAのお仕事と図書館業務とのかかわりについて、非常にわかりやすくお話くださってとても勉強になりました。さて、ここで、質疑応答に移ります。ご質問がある方は挙手をお願いします」

智美は、しばらく様子を見ていたが、誰も手を挙げない。（よし……）とひと呼吸おいて高らかに手を挙げると、すぐに三膳社長と目が合った。

「それでは、前から二列目の方、お願いいたします」と促される。

「はい。立新大学で司書をしています、鈴木です。今日はありがとうございます。先ほどＵＲＡの業務のご説明で、研究戦略推進支援の中に、〝国の科学技術政策情報の分析〟というお話がありましたが、政策情報が具体的にどういうもののことを指すのか、教えていただいてもよろしいでしょうか？　よろしくお願いします」

智美は、参加者からの視線を集めながら、はっきりとした声で伝えた。

「ご質問ありがとうございます。そうですね、〝国の科学技術政策情報〟とは、政府が科学や技術に関してどのように考え、行動するかについての計画やルールのことですね。その具体的な政策はさまざまです」

コクコクとうなずく智美を見ながら、梶野さんはこう続ける。

「たとえば、科学技術の盛り上がりを目指して、新しいアイデアや技術を発展させた商品、サービスを生み出す研究者や企業をサポートすることも政策の一部なんです。サポートの内容としては、研究資金や研究設備の提供、新技術の開発を進めるための法規制の調整、人材育成に必要な奨学金プログラムの適用などがあるんですね。他にも環境保護に有用な方法を見つけるための研究支援や、太陽光・風力・地熱エネルギーなどの地球に優しいクリーンエネルギーを奨励する政策もあります」

具体的に事例がわかった智美は深く納得し「ありがとうございます」と返す。三膳社長が再度質問を呼びかけると、智美たちより数列ほど後ろに座っている男性が手を挙げる。

「では、前から五列目の方、お願いいたします」と三膳社長が放つ。

「本日は貴重なお話ありがとうございました。私も大学司書をしております、林と申します。先ほどの〝国の科学技術政策情報〟についても興味深く拝聴し、自分としても詳しく調べたいと思ったのですが、どのような機関のサイトなどを見れば、適切な情報が入手できるのでしょうか？もしよろしければご教示いただきたいです」

男性の質問を反芻するように、梶野さんはゆっくりうなずきながら一拍置くと、滑らかな口調で語り始める。

「ご質問ありがとうございます。詳しい情報がわかるサイトを二つほどお伝えしますね。一つ目は、文部科学省が毎年記録している『科学技術白書』のページ。科学技術の振興のために実施された施策がまとめられているので、わかりやすいと思います」

参加者が一斉に、ペンを走らせる。

「もう一つは、内閣府のホームページです。科学技術やイノベーションに関して、府省が横断的に進める年次計画『統合イノベーション戦略』の進捗や今後の方針が記載されています。二〇一三年頃からの情報が見られるので、資料を遡って、施策の変化を見てみても面白いと思いますよ」

男性が「詳しく教えていただきありがとうございます。本日のうちに拝見します」と力強く返すと、梶野さんは頬を緩めた。そのやり取りを見守っていた三膳社長は、他の参加者からの質問がないかを確認し終えると、梶野さんとアイコンタクトを取る。

「それでは皆様、本日はお忙しい中、お越しくださいましてありがとうございました」

三膳社長と梶野さんが参加者に挨拶をするとまた拍手が起こった。梶野さんの講演は、ＵＲＡと図書館司書の役割を紐づけてくれることで、とても理解しやすい内容だった。ＵＲＡにはなれないけれど、図書館員として研究支援の一助になれるかもしれない。梶野さんの話に背中を押されたような気がして、智美の心には自信が芽生えていた。

セミナーはお開きとなり、参加者が後方にある出口からぞろぞろと退出している中、智美は二～三人が梶野さんの前に列を作って名刺交換をしているのを見つけた。

「ね、加奈子、由紀ちゃん。梶野さんと名刺交換してきてもいいかな」

智美が、資料をバッグにしまっている加奈子と由紀に話しかけると、二人とも「うん、行こう行こう」「あ……はい、行きます！」と智美に同意してくれたので、順番待ちをすることにした。ただの名刺交換だけではなく、梶野さんに大学図書館司書として、ＵＲＡの役割を果たせるような心得や方法を教えてもらおうと意気込んでいる。智美の前で梶野さんと名刺交換している二人組も大学図書館の職員のようで、研究支援について梶野さんからアドバイスをもらっている。

智美、梶野さんに個人授業を申し込む

「ありがとうございます。大変勉強になりました」

二人組が、そう言いながら満面の笑みで去っていくと、次は智美の番だ。梶野さんを目の前にし、途端に緊張してくる。

「あの、私、立新大学というところの図書館司書をしています、鈴木智美と申します。今日は大変勉強になりました、ありがとうございます」

智美がおずおずと名刺を差し出すと、梶野さんも「本日はありがとうございました」と言いながら名刺を手渡してくれた。同じく加奈子も由紀も自己紹介をして、名刺を差し出す。梶野さんが二人との名刺交換が終わったのを見届けると、おもむろに口を開く。

「実は、私の勤めている大学の教授や教員の方の研究支援について勉強したいと思っていまして、今回の講演に参加しました」

すると、由紀も控えめに声を放つ。

「あの……、私も鈴木と同じ職場なんですが、梶野さんのお話、本当にわかりやすくて、感激しました」

「そうなんですね。ありがとうございます。今回の講演の内容が鈴木さんと小林さんのお役に立てると嬉しいです」

梶野さんは、智美と由紀の名刺を確認しながら、丁寧に答えてくれる。

「はい。私と小林は、主に学生のレファレンスや、学習支援を行っているのですが、先日上司が教授の研究戦略のお手伝いをしている話を聞いて、興味が湧きまして……。大学図書館の司書の仲間、あ、隣にいる間瀬さんなんですけど、間瀬さんから、梶野さんの『司書トレ』の存在を教えてもらいまして、講演会でぜひ直接話を聞いてみたいと思って参加しました。……あの、DBジャパンの奥田さんが先日、ウチの図書館に資料を届けに来てくださったときにも、ちょうどその話になっていたんです」

「そうなんですね。実は、『司書トレ』の『RA』にすごく興味を持ってくれている大学司書さんがいる、という話は奥田さんや三膳さんからも聞いていたんですよね。お三方のことだったんですね」

梶野さんはにっこりしながら、緊張気味の智美を気遣って言葉をかけてくれる。

「もうすでに私たちのことをお聞きになっていたとは恐縮です。梶野さんの司書トレでのお話を聞いて、改めて自分の役割を考えるきっかけになりました。ありがとうございます」

三人は、同時に深々と頭を下げた。智美は、梶野さんの名刺を持つ手に力を入れながら、梶野さんに懇願するような目を向ける。

「……あの、その……いきなりこんなことをお願いするのは失礼かと思いますが、もっと勉強したいと思っていまして、もしよろしければ私に『RA』についてより詳しく教えていただけないでしょうか？　あの、梶野さんがお忙しいのは重々承知しているのですが……」

梶野さんは、一瞬、驚いた表情を見せたが、すぐに穏やかな表情に戻る。

「鈴木さんは勉強熱心でいらっしゃるんですね。私でよければ、お力になりますよ。鈴木さんのご期待どおりのお役に立てるかはわかりませんが……」と少し不安げな表情を見せつつ、智美の不躾な要望を承諾してくれた。

「いいんですか？　ありがとうございます！」

梶野さんの返事に食い込み気味になってしまったが、智美は何度も頭を下げ、お礼をした。梶野さんによる個人レクチャーの約束を取りつけた智美の横で、加奈子は目を丸くしている。

そしてこの日は、まず八月にオンラインで行うということだけを決めた。梶野さんが茨城県、智美は東京都に住んでいることを考慮しての形式だった。

「具体的な日時は、またメールで決めましょうか」

「はい！ ありがとうございます。後ほどご連絡いたします」

智美はかしこまって礼をすると、三膳社長や、受付にいた奥田さんにも挨拶をして会場を後にした。

冷房が利いていたセミナー会場とは打って変わって、外はうだるような暑さだった。行きはやや早足に歩いていたが、帰りの三人の歩く速度はその二倍くらいゆっくりになっていた。

「智美、さっきはびっくりしたよ。梶野さんに直々にレクチャーを頼むなんて。なかなか勇気ある行動だったよね。まあたしかに、その気持ちもわかるけど。梶野さんの話わかりやすいし、勉強意欲は湧いてくるよね」

加奈子は、突然の智美から梶野さんへのアプローチに驚きながらも、理解を示してくれていた。由紀も「本当、もっと知りたくなるお話でしたね。智美さんのその勇気とやる気のおかげで、レクチャーの話もトントン拍子で進んでいろんな収穫があったというか」とつぶやく。

「ごめんごめん。びっくりしたよね！ でも、このチャンス逃したらもっと深く学べない気がしちゃってさ」

近くの地下道に避難すると、冷気が再び心地よく体を冷やしてくれる。ＪＲ線に続く地下道をひたすら歩く。

「私も、改めて自分の大学のＵＲＡの人たちとの連携について考える、良いきっかけになったわ。ありがとうね」

加奈子も今回のセミナーで収穫はいろいろとあったようだ。由紀は路線が違うため、駅で別れると、智美と加奈子は同じ方向の電車に乗り込む。セミナーの話から、子どもの習い事などの世間話に切り替わった。話しているとあっという間で、先に「じゃあ、また今度ゆっくり会おうね」と加奈子が、智美の二個手前の駅で降りて、智美は窓越しに見送った。

加奈子が降りた駅で乗客はかなり減り、座席がガラガラになった。智美は近くの席に腰を下ろすと、今日のセミナーの資料をパラパラとめくる。

（さっそく、明日神崎部長にも報告しようっと）

心の中で浮足立って、今日の収穫に満足しながら、家路を急いだ。

第4章

智美、梶野さんから
研究支援の基礎を学ぶ

梶野さんの講演会のことを上司に報告する

翌日の月曜日。智美が立新大学前駅から、大学図書館へ向かう出勤途中、ちょうど由紀が前を歩いているのが見えた。

「由紀ちゃん、おはよう！」

智美が手を振り、小走りで駆け寄ると、日傘を差してゆっくり歩いていた由紀がこちらを振り返る。直射日光のまぶしさに目を細めながら智美に挨拶を返す。

「智美さん、おはようございます。昨日はお疲れさまでした。もう朝からこの暑さにすっかりやられていますよ……

智美さんはなんだか元気そうですね」

智美は、すでに脱力気味の由紀の横に並ぶと、

「昨日のセミナーでの梶野さんとの〝直々レクチャー大作戦〟のこと、さっそく神崎部長に報告しようと思っててさ」

気分を高揚させながらそう告げる。

「あ〜報告するって話になってましたもんね。智美さんがセミナーに参加することだけでも、部長は楽しそうに話してたから、報告聞いたらますます喜ぶだろうなぁ」

由紀は、日傘越しに空を見上げながらそうつぶやく。

「ふふ、そうだといいな。とりあえず、由紀ちゃんと私の報告って感じで伝えておくね」

「ありがとうございます！」

智美は足取りが軽いまま、関係者通用口に到着し、事務室のドアを開けた。神崎部長のほうをちらりと見ると、朝から館長との打ち合わせがあるらしく、慌ただしそうに資料の準備をしている。また頃合いを見計らって、部長に話しかけることにした。

午前中はあっという間に時間が過ぎた。文学部の学生にレポートに使う新聞の縮刷版や新聞記事の有料データベースを案内したり、その後に来た理工学部の学生に、サイエンス系の雑誌記事を紹介したりしていたら、いつの間にかお昼休みになっていた。

（来週だと急すぎるから、再来週以降かな……）

昼食後、智美は来月の梶野さんとのオンラインレクチャー会の日程について考えていた。パソコンのメール画面を開いたままあれこれ思案していると、ちょうど神崎部長が事務室に戻ってきた。

「あっ！神崎部長、お疲れさまです」

智美が待ってましたとばかりに、意気揚々と話しかける。

「お時間よろしいときに少しお話しても大丈夫ですか？」

「鈴木さん、お疲れさま。話？今でもいいよ」

神崎部長の即答を受けて、智美は昨日の講演会の資料を手に取りながら、「あの、前に話していた『ＲＡ』のセミナーにちょうど昨日小林さんと行ってきまして、その資料をもしよければ……」と切り出す。

「ああ、昨日だったんだね！　それは休みの日なのにお疲れさまです。どうだった？」

神崎部長に促され、部長の横にある四人掛けの机が置かれた打ち合わせスペースに場所を移動する。智美が昨日のセミナーでもらった資料を渡すと〝ＵＲＡと図書館司書業務の共通点〟のページを、食い入るように見ている。

「……それで、昨日の梶野さんのお話を聞いて、学生に向けての学習支援はもちろんなのですが、教員の方たちに向けた研究支援にもとても興味が湧いてきまして、もっと勉強したいって思っているんです」

「ほお。それは素晴らしいね、鈴木さん」

部長が資料から目線を上げて、智美ににこやかな表情を向ける。

「それで、梶野さんに直接交渉して、ＲＡの業務を通した、図書館司書ができる研究支援について掘り下げて学ぶ機会を、前半と後半で二回いただくことになりまして……」

そう智美が言うと、神崎部長の目が光った気がした。そして、語気を強めて応えた。

「鈴木さん、それはグッドタイミングだね！」

「はい……？」

神崎部長の言葉に、智美は理解が追いつかずにポカンとしていると、部長は話を続けた。

「実は、さっき館長と話していたんだけれど……、前にも鈴木さんともうちの大学にはＵＲＡがいないという話はしていたよね？」

「はい」

「それで、今は館長とか僕とか正木君が、大学の執行部の人と話して電子ジャーナルの整備を主に行っているよね。でも正直なところ、うちの大学の研究方針や戦略に合ったような環境整備がきちんとできているかと言われたら、まだまだ力不足で。もっと研究支援に力を入れていかなければいけないね、と話していたところだったんだよ」

「そうだったんですね」

まさに、智美がやりたいと思っていたことと重なった。

「だから、いま鈴木さんから梶野さんのレクチャーの話を聞いて、まさに渡りに船で、すごくいい話が来たなと思ってね。ぜひその、梶野さんからの話を聞いてもらえるとありがたいな。もちろん、業務中に梶野さんとのレクチャーの時間は取ってくれても構わないし、小林さんも時間があれば二人で梶野さんの話聞いてもらってもいいし」

「はい、頑張ります！小林さんと相談して、日程を決めたいと思います」

智美は、上長からも背中を押されて、ますますやる気が溢れてきた。また、梶野さんのレクチャー会は智美の仕事が休みの日にお願いしようと思っていたため、日程が限られてしまうことも危惧していた。(てことは、平日の日中もいくつか候補に入れられるな）と考えながら、智美は神崎部長に会釈をする。くるりと回り、自席に歩みを進めると、ちょうど時間差でお昼休憩に行っていた由紀が事務室に戻ってきたところだった。

「あ、由紀ちゃん」と声をかけると「智美さん、何ですか？」と由紀が駆け寄ってくる。

「今、部長に言われたんだけど梶野さんとのレクチャー会、由紀ちゃんの都合が合えば同席してもらっていいって」

「いいんですか?」

「もちろん! しかも、業務時間中でOKだっていうから、由紀ちゃんのNGの日だけ先に共有させてもらってもいい?」

「はい。え〜と、この日とこの日以外ならいつでも大丈夫です」

由紀は、パソコンの横に置いている卓上カレンダーを指差しながらそう告げる。

「わかった。じゃああとは梶野さんのスケジュール聞いて決めるね」

智美は昨日もらった名刺を取り出し、メールを打ち始めた。本来なら、もう少し早くお礼のメールをすべきだったため、まずは連絡が遅くなったことをメールの冒頭でお詫びする。そして、改めて個人レクチャーを引き受けていただけることのお礼を述べ、自分の出社日と由紀の都合を考慮し、八月の日程候補を多めに挙げて、送信した。


午後のカウンター業務を終えて事務室に戻ってきたら、さっそく梶野さんから返信が来ていた。第一回目のレクチャー会は、再来週の月曜日、十三時からに決定した。(さっそくのご返信をありがとうございます……)と頭の中でメールの返信を考えながら、オンライン打ち合わせ用のURLを設定していると、ちょうど後ろを通り過ぎる由紀の足音がした。

「あ、由紀ちゃん。さっそく梶野さんから返事来たよ」

智美は少しだけ体をずらし、由紀がパソコンの画面を見られるように促した。

「すごい、トントン拍子ですね。え～と……再来週の月曜日の十三時ですね。了解しました」

「今また返事したんだけど、由紀ちゃんのアドレスもCCに入れているからね」

「了解です！ よろしくお願いします」

由紀が笑顔で応じる。智美と由紀のやり取りを聞いていた神崎部長が、自席からこちらに話しかけてくる。

「梶野さんとの打ち合わせ日程が決まったのかな？ 鈴木さん、仕事が早いね。レクチャーの内容は、二回分が終わってからでいいから、ぜひ課のみんなにも共有してね」

「はい、承知しました！」

智美の返事に合わせて、由紀も会釈する。智美がセミナーを受講する前に抱いていた「私に何かできることはあるのだろうか」という気持ちや不安は、すっかりどこかへ消え去っていた。智美は、梶野さん宛てに丁寧な文体でメールを作成し、軽やかに送信ボタンを押した。

梶野さんとの第一回目のレクチャー日

梶野さんとのレクチャー当日。智美は午前中、落ち着きなく過ごしていた。いや、むしろ今日に限らずこの日が訪れるまで、どこかそわそわしていた。自分から依頼をしておきながら、今更ながら緊張してきたのだ。

（課の皆さんにも共有するってことは、結構重要な役割だよね。あぁ〜あと三時間後ぐらいで始まる……！）

思い返すと新卒で入った会社以来、このようなプレッシャーを感じるのは久しぶりかもしれない。自分の知識習得のためという目的もあるが、立新大学の図書館代表として、先生方の研究支援に貢献できるような動きができれば、と智美は使命感に燃えてもいた。

午前中は、込み入ったレファレンスはなかった。ただ先週ＮＡＣＳＩＳ—ＣＡＴ／ＩＬＬの相互貸借サービスを利用して、自館にない資料を他大学に文献複写の依頼をし、その分が大量に郵送で届いた。一つひとつ依頼内容に間違いがないかをチェックした後、依頼してきた学生へ連絡をするなどして、思いのほか忙しなく動いていた。

由紀と一緒に早めのお昼休憩を取ると、会議室にノートパソコンを持ち込み、セッティングを始める。

「ちょっと早いけど、もう入室するね」

「はい！」

十二時五十分にオンライン会議サービスに入り、緊張した面持ちで待機していると、二分後には梶野さんが画面に現れる。智美同様、梶野さんの背景にも会議室らしき、白い壁が映っている。

「梶野さん、お世話になります。鈴木です。改めまして、先日はありがとうございました。本日は、お忙しい中お時間をいただきありがとうございます」

「梶野さん、小林です。今日はよろしくお願いします。あの、鈴木のサポートとして入らせていただきます。お話聞けるのを楽しみにしています」

そう智美と由紀で立て続けに挨拶する。

「鈴木さん、小林さん、こちらこそ、先日はありがとうございます。梶野です。今日は大勢いるような講演会ではないので、こないだの講演会では質問しづらかった部分がもしあれば、どうぞお気軽にご質問くださいね」

「ありがとうございます」

梶野さんの提案に深くうなずきながら、智美は再び口を開く。

「それでは今更ですが……、簡単に私の自己紹介をさせていただければと思います。もともとは一般企業の営業職として働いていまして、結婚を機に退職しました。その後、小学校の図書館ボランティアを経験して、一年前にここで働き始めたので、図書館の司書というには経験が浅いです」

梶野さんは穏やかな表情で、画面の向こうで智美の声に耳を傾けている。

「現在の主な業務は、利用者対応です。学生の学習支援や、教員の方々の資料探しはレファレンス・サービスの一環としてやっていて、利用者のニーズにきちんと寄り添ったサービスの提供を心がけています。それだけだと物足りない……というわけでもないのですが、上司が理工学部の教授と電子ジャーナルについて相談をしていて、自大学のための研究戦略にも携わっている話を聞いてからいろいろ考えるようになって」

「なるほど」

「それで私も一歩踏み込んで、ウチの大学の研究支援という観点で、もっと自分にできることを増やしたいと思って、自分なりに動き始めたところです。自己満足かもしれないんですけど」

そう智美が一気に話すと、うなずいていた梶野さんが口を開く。

「いや、鈴木さん、その考えはすごいことですよ。なかなかそこまで踏み込めるのは並大抵のことじゃないです」

「いえいえ、とんでもないです」

智美は首を振りながら、少しかしこまった雰囲気で続ける。

「それで今回、梶野さんから『ＵＲＡ』について学びたいと思ったきっかけとなった私の上長に、このレクチャー会の話をしましたところ、ぜひその知見を伺いたいと」

「おお、そうなのですね」

「はい。私個人的にというよりは、大学図書館としてちょうど研究支援に力を入れるタイミングに差し掛かっていることから、その代表で私がお話を伺えればと思っております。……お願いばかりで恐れ入りますが、どうぞよろしくお願いいたします」

「その規模の話になっていたのですね。こちらこそ恐縮です。きちんとお役に立てるかわかりませんが、参考になることがあれば嬉しいです」

智美と由紀は、画面越しではあるものの、深々と「よろしくお願いします」とお辞儀をする。

「では、先日の講演会と繰り返しになるかもしれませんが、『ＵＲＡ』についておさらいをしていきたいと思います。たしか講演会では、大学図書館で多様な研究支援や研究環境整備のニーズが高まっていることや、学術研究、研究力をオープンにしていくことへの対応など、時代とともに大学図書館司書の業務が変化していることを話しましたよね。

あとは他部署と連携する機会や、他の専門職との接点が拡大していく……と」

梶野さんは、先日の資料をパソコン上で見返しながら話しているようだった。カチカチと、資料のページをめくるクリック音が聞こえてくる。

「そんな中で、URAを設置する大学や研究機関は増えつつあります。日本の多くの国立大学には、URAが配置されているのではないでしょうか。あとは一部の私立大学ですかね。とはいえ、すべての私立大学も合わせると、配置されていない大学のほうが圧倒的に多いですね」

大学とURAの現状を、智美も由紀もメモに記す。

「文部科学省のホームページに書いていることで、先日の講演会でも話したことなのですが、URAを育成して、定着させるような全国的なシステムを整備する取り組みや、大学や研究機関がURAを活用・育成することを支援する動きが生まれてきています。それで、日本で本格的にURA制度を導入するきっかけになったのが平成二十三年に始まった『リサーチ・アドミニストレーターを育成・確保するシステムの整備」(リサーチ・アドミニストレーターシステムの整備)』事業と呼ばれるものですね」

智美は、手元に置いていた講演会の資料に、再度目を通す。

「もともとこの事業が始まる前から、国の視点としてもURAの必要性は取り上げられてきました。二〇〇〇年代中頃から、日本の研究者の論文が、国際的な学術誌に掲載される数が他の先進国に比べて少なくなってきたんです。そうなると講演でも話したように、論文の『被引用度』が高いという意味で、上位に占める日本の論文の数も少なくな

大学における研究支援ニーズ増加の背景

●多様な研究支援、研究環境整備のニーズの高まり

→大学の研究分野が多様化しており、それぞれの分野に特有のニーズや要求が生まれている。研究者はますます高度なサポートを必要とし、図書館や研究支援部門に対する期待が高まっている。

●リサーチ・アドミニストレーター（URA）を育成・確保するシステムの整備

我が国の大学等では、研究開発内容について一定の理解を有しつつ、研究資金の調達・管理、知財の管理・活用等をマネジメントする人材が十分ではないため、研究者に研究活動以外の業務で過度の負担が生じている状況にあります。

このような状況を改善するため、文部科学省は、研究者の研究活動活性化のための環境整備及び大学等の研究開発マネジメント強化等に向け、大学等における研究マネジメント人材（リサーチ・アドミニストレーター：URA）の育成・定着に向けたシステム整備等を行っています。

出典：文部科学省ホームページ　（https://www.mext.go.jp/）

ってきたんですね」

智美は、画面越しに梶野さんのレクチャーをうなずきながら聞き入る。たしかに、研究が細っていくのは、国として改善しなければいけないことだ。

「そういう事情から、国を挙げて研究を支援していこうという動きがあるのですね」

「そうですね。大学は知の創造をする場ですが、その知をもとにして、社会的課題を解決するような新しい価値も求められています。その価値を生み出すためには、研究活動により一層力を入れられるよう、研究時間をしっかりと確保しなければなりません」

智美と由紀が理解しやすいように、梶野さんは丁寧に説明する。

「そのため、研究活動に付随する研究資金の調達や、学術論文の著作権や実験データなどの知的財産の管理、広報活動などをＵＲＡが担っています。全部の業務を研究者本人がやっていては、研究に費やす時間がありませんからね。特に、二〇〇四年の国立大学法人化以降、科研費（※4）や他の省庁系競争的資金（※5）、あるいは企業・

産業団体などの産業界と、大学や研究機関などの学術界が協力する『産学連携』による企業からの共同研究費受入れなど、いわゆる外部資金の獲得を戦略的に行わなければいけなくなりました」

研究活動に関する状況の複雑さに、智美と由紀の表情も硬くなる。

「特に大型のプロジェクトになればなるほど、教員単独で動くには困難ですよね。まかないきれない業務も増えるため、より組織的な対応が必要になっているといえます」

国立大学の法人化により研究が盛んになった……というぼんやりしたニュアンスではなく、業務における難易度が増したという話に、智美と由紀はＵＲＡ、そして学術界のリアルを垣間見た気がした。そして「組織的な対応」の部分を特に強調した梶野さんの言葉を咀嚼しながら、智美がおもむろに口を開く。

「そうなのですね。知の創造、そしてその「知」が社会的課題に結びつくと聞いたら改めて、司書として少しでもそこに貢献できているのかなと思えました」

同意するかのように、由紀も控えめに「ですね。すごくモチベーションになります」と挟んだ。そして、智美がさらに続ける。

「先日の講演会で、お話に上がった『スキル標準』のＵＲＡの業務内容をその後読んでみたのですが、とにかく業務内

※４　科学研究費助成事業。学術研究の発展を目的とし、社会発展の基盤となる研究に対し国が研究費を助成するもののこと。

※５　大学や研究機関が、政府の省庁や公的機関から獲得しようとする研究資金。科研費も省庁系競争的資金の一つ。

容が多岐にわたっていて、驚きました」

「そうでしたか、勉強していただいてありがとうございます」

「お恥ずかしながら、研究がここまで戦略的に行われているということをまず知らなかったです。〝研究者〟と聞くと、ただ自分の興味のある分野を追究しているイメージしかなく……」

「たしかにそう思う人も多いかもしれませんね。実際は国の政策動向を把握した上で、自分の大学・研究者の研究力の分析をしてどのように研究するのかまで考えなければならない。そして研究資源の有効活用や組織体制の整え方まで検討したり……研究に至るまで多くのプロセスがあるんですね。そして、学術研究をオープンにすることも、他部署との連携や他の専門職との接点を拡大することも含めると、まさに〝プロジェクト〟ですよね」

「本当ですね。非常に規模の大きいプロジェクトといいますか……これを研究者の方が単独でできるものではないですし、URAのほうに求められているスキルの高さもかなりのものだとわかりました。ちなみに、梶野さんはどのような経緯でRAになられたのですか？」

梶野さんは一瞬遠くに視線を向け、静かに語り始める。

「私の場合は、研究機関で任期付きの研究員を経験してから、二〇一五年に茨城大学のURAに着任しました。URAへの道はさまざまで、教授などに誘われて就職する人もいれば、普通に就職活動を経てたどり着く人もいます。時々大学の職員や研究員の求人でURAの募集が出ていたりするみたいですね」

「公に募集していることも珍しくないんですね！」

「はい。だから民間企業の研究開発や、知財（知的財産）や特許、広報に携わっていたOBの方や、事務職員から転身する人もいるんですよ。ただ各研究分野に対する理解や知識が必要になったりしますので、誰でもなれるというわけではないんですね。たとえば大学とか、研究機関とかで研究または研究支援にかかわる業務経験のある人が比較的多かったり」

「梶野さんも、研究機関の研究員からなったということは……」

「まさに今話したようなパターンでRAになったタイプですね。他にも博士号の取得者や、それと同等の知識を持っている人も多いみたいですよ」

梶野さんの話を妨げない程度に、隣で由紀が小さく「へぇ～」とつぶやきながらうなずく。

「一方で、URAが幅広い業務を行うことから、大学によっては知財、広報、国際連携など多様なバックグラウンドを持つ人材が求められることもあります」

「そうですよね。先日の講演会でお話を伺っていて、URAの業務の幅広さにまず驚いて。それで、研究内容を把握するには高度な知識の持ち主でないと難しいのだろうなとも思いました」

智美は、目線を落としながらそう返す。

「まあ、大学によって活動範囲だったり、担当業務は多岐にわたるので難易度がそれによっても変わってくるでしょうね」

「そうですよね。その研究支援の一助として図書館司書ができることについて、私たちなりに考えていければいいな

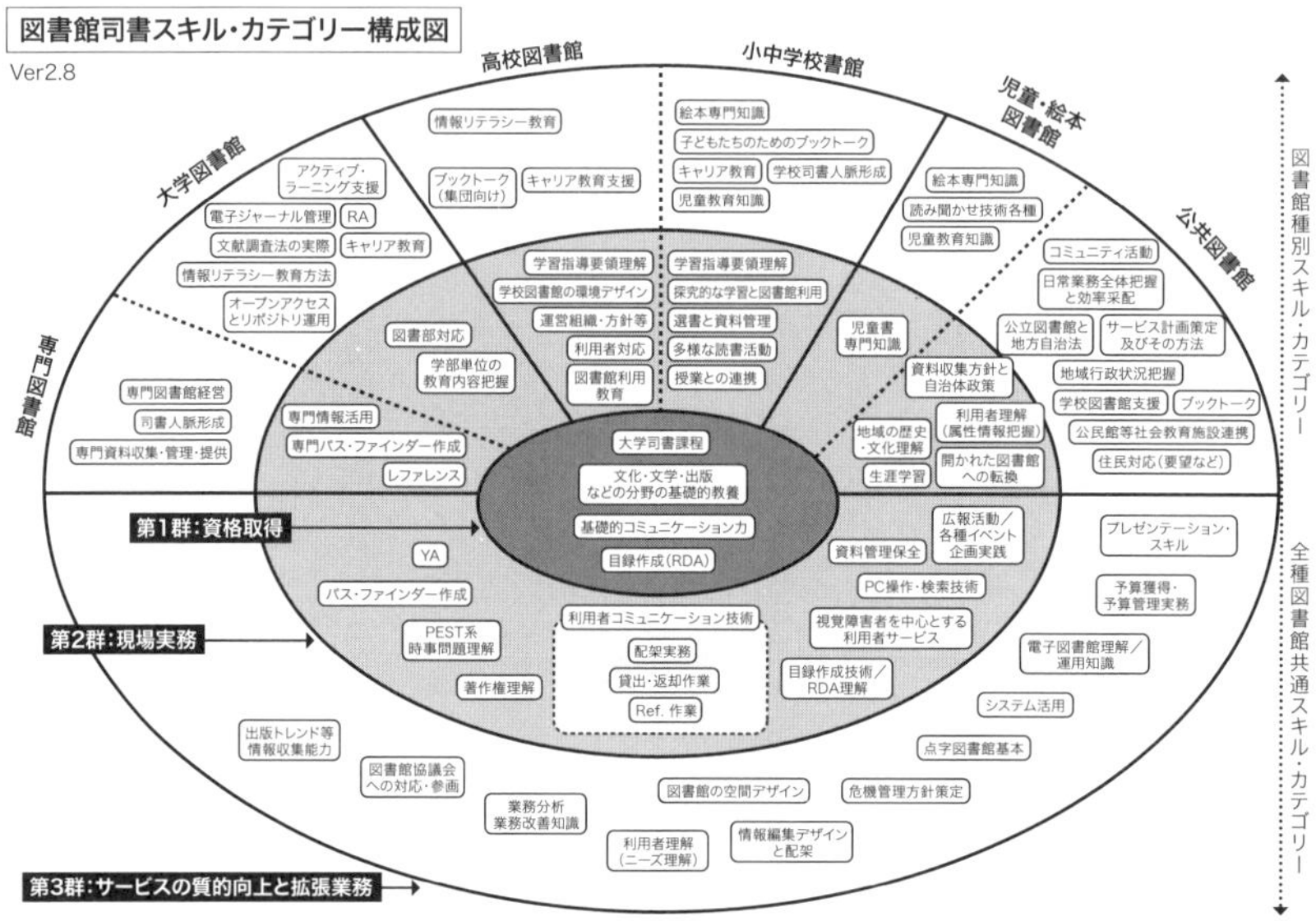

と思っています。実際にRAがいない大学も多いので、今後は図書館司書の役割がある程度大きくなるのではないかな、と私なりに考えているんですけど……そのあたりの梶野さんの見解を教えていただけませんか？」

いよいよ本題に切り込んだ智美は、前のめりになって画面を見つめる。由紀も隣で姿勢を正して、メモの準備をしている。

「そうですね。鈴木さんの大学もそうかと思いますが、たしかにURAがすべての大学にいるわけではないので、教員の立場からしたら、司書の方のレファレンスによって助けられる部分は大きいと思いますよ。あ、鈴木さんは、DBジャパンさんから『スキル・カテゴリー構成図』は見せてもらいましたか？」

由紀とチラッと目を合わせた智美はすぐさま「はい、あります！」と、手元に置いておいた『スキル・カテゴリー構成図』を画面越しに掲げる。

「ありがとうございます。それではその図をもとに、ＵＲＡと他のカテゴリーとのかかわりについて意識共有をしておければと思います。ちょっと画面で資料を共有しますね」

「はい」と智美が待っていると、資料が画面に現れる。

「ＲＡの周辺には、『論文管理とその分野理解』、『キャリア教育』、『文献調査法の実際』、『リポジトリ運用とＯＡ』などといったカテゴリーがあります。これらとの関係性を整理すると、たとえばＵＲＡと一緒に、図の上の『論文管理とその分野理解』と、左の『リポジトリ運用とＯＡ』の内容を併せて学ぶことで、自大学の学術論文のアーカイブ、公開に関する知識の深め方を見出すことができますね」

梶野さんはカーソルを動かしながら、図の見方を示していく。

「他も同様の考え方で、これらの周辺カテゴリーをＵＲＡと協力しながら学ぶことによって、大学における研究活動そのものの理解を深められるんですね。実際に研究者の研究活動の支援にかかわるときや、分野横断的な業務、他の部署と連携する際にも、これを見ればば必要なスキルが明確に把握できるというわけです」

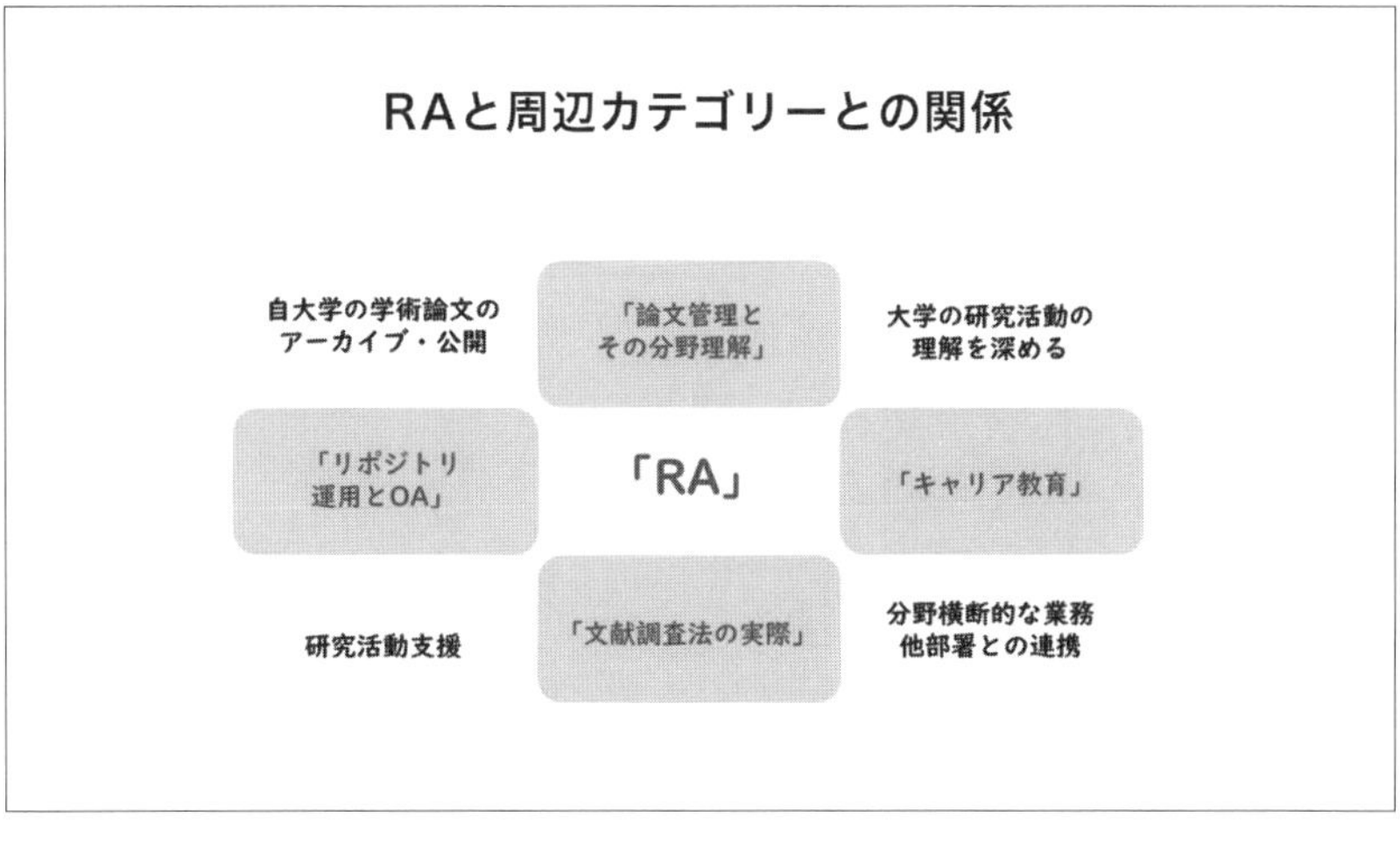

智美は図を見ながら、URAの立ち位置を再確認する。他のスキルと融合させることで、さらに業務の幅が広がることに、小さく胸が踊った。

「右下にある『分野横断的な業務』『他の部署と連携した業務』というのは、まさに図書館との連携も含まれるということですね。他は大学の執行部などを指すのでしょうか」

「そうですね。研究戦略等の策定に資する、自大学の強みや他大学の取り組み事例を分析したエビデンスの提供先として、執行部ももちろん含まれます。また、大学や研究機関が、企業・産業団体と共同研究する際は契約書を結ぶことになりますが、この場合は産学連携課などの契約手続きを扱う部署と関わることもあります。他には社会連携課などの、地域連携や社会連携を担当する部署が参画するケースもありますね」

自分たちがほとんどかかわったことのない部署がどんどん挙げられる中で、二人は必死にペンを走らせている。

「海外の大学と連携して研究を進める場合は、国際関係の部署の協力も欠かせませんね。また、今は研究設備の共有化が進んでいたりしますが、そういった研究環境整備などを担う施設関係の部署、研究成果を社会に伝えていく広報室の担当……であったりと本当にさまざまな部署との連携があります」

智美はこの部分を司書トレで予習しつつ、由紀にも共有していた。しかしそのときは、連携部署を自分なりに想像するしかなかった。(ウチの大学にもいろんな部署が入ったフロアがあるけど、ほとんど入ったことないもんなぁ。あの辺の人たちとしっかり連携するってことね)と、梶野さんの細やかな解説のおかげで、より内容がクリアに理解できた。

大学図書館が連携する大学組織の例

執行部、研究推進課	競合となる研究機関やその研究の情報、自大学の強み・弱みをもとに研究戦略・企画をてる。研究推進課については、研究戦略の他、学内の研究支援や研究倫理教育なども広く担当している場合もある。
広報室	自大学のブランディング戦略において重要な役割を担う。研究成果を社会に広く発信する機能だけでなく、受験生に向けたPR活動なども行う。
社会連携課	大学の研究を活用し地域貢献を行うため、自治体や企業、地域住民などと連携する際の窓口対応などを実施。
国際連携課	研究の推進を目的に、海外の大学との交流、連携を図る。その他、大学によっては留学生や人材交流プログラムなど教育面での連携を所掌しているケースもある。
施設部、施設設備課	さまざまな施設・設備の維持管理を実施。研究施設の運営にかかる業務も担う。

「ありがとうございます。これまでは業務の広さばかり気になっていましたが、加えて複数の部署とのコミュニケーションが重要なようにも思えました」

「そうなんです！　大学のあらゆる部署との関係性の構築も結構重要なんですよね」

智美の気づきに感心しながら、梶野さんはひと呼吸おくと、司書とかかわりが深いＵＲＡの業務について語り始める。

「ではここからはＵＲＡと司書の共通分野とも言える、レファレンス・サービスという観点をお話しますね。ＵＲＡは教員から、研究活動に必要な文献調査の相談を受けることもありますし、それ以前の研究テーマ立案時に、先行した情報を集めることも多々あります。そのような場合に、司書の〝検索スキル〟というものがとても重要になってくるんです」

先日の講演会とリンクする内容に、智美と由紀も深くうなずく。

「また、その研究分野の主題によって最適な資料の特性も変化しますよね。書籍や雑誌などの紙媒体なのか、新聞なのか、電子媒体なのか……そのような特性把握も、重要かもしれません」

「たしかに、研究内容によっては、書籍よりも、より情報が新鮮な雑誌記事とか新聞記事を提供したほうが良い場合もありますよね」

「そうですね、まさにそのとおりです。あと、司書とＵＲＡの業務の接点として大きいのが、論文などの書誌情報を活用した研究力の分析でしょうね」

「あ～研究力の分析。たしか、自大学の論文がどれだけ他の論文に引用されているかとかの……」

記憶をたぐり寄せながら話す智美に、梶野さんがすぐさま反応する。

「そうですそうです。電子ジャーナルでは膨大な書誌情報に基づく検索機能に加え、それらの引用関係から論文の被引用度やインパクトなどを可視化できるという話はしましたよね。そういう側面からも、紙以外の媒体やツールは今後ますます注目されると思いますよ」

智美は、梶野さんとのレクチャー会前に文部科学省のホームページで見た、大学図書館の実態調査のことを報告する。

「それでいうと、事前に令和四年度『学術情報基盤実態調査』の結果報告書で見ていたデータがまさにそういう状況を表しているような気がしました」

「……おお、いろいろご覧になっているんですね？」

「少しだけなんですが。そのデータに、電子ジャーナルの平均利用可能な種類数が書かれていたんですけど、すごく

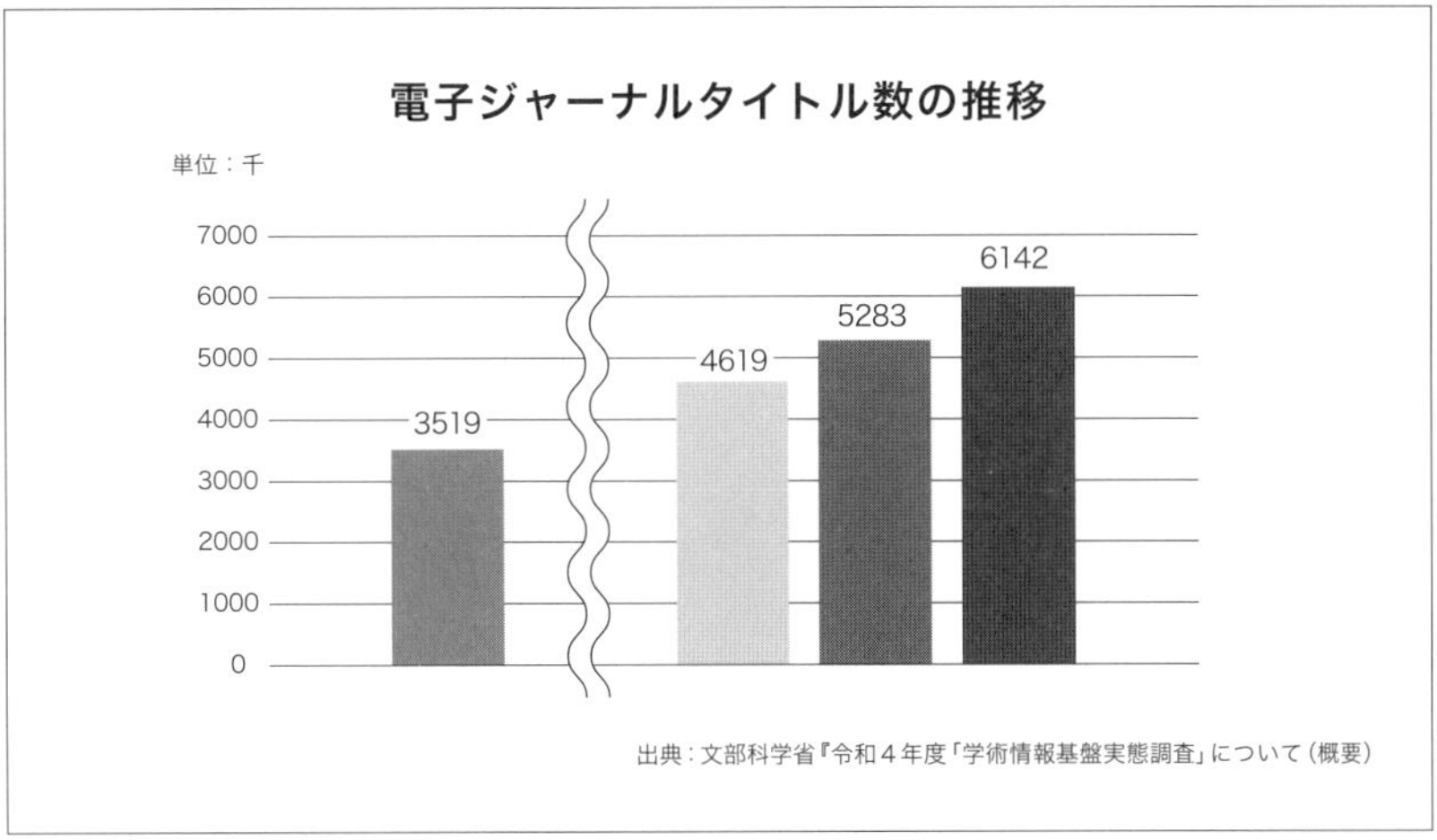

出典：文部科学省『令和４年度「学術情報基盤実態調査」について（概要）

増えていて。平成二十三年から令和三年までの十年間で三百五十一万九千種類から六百十四万二千種類になっていたんです。すごいですよね、二倍近くですよ」

智美がそこまで調べていたことに驚くかのように、梶野さんは目を見開いている。

「それで、逆に冊子体の雑誌の購入種類数は十九万七千種類から七万八千種類に減少しているみたいです。図書館資料費に占める電子ジャーナルの割合も年々増加しているみたいですね」

智美が自身のメモから画面に視線を移したタイミングで、梶野さんが口を開く。

「鈴木さん、よく調べていらっしゃいますね」

「いいえ」と謙遜しながら照れ笑いを浮かべる智美に、由紀も熱い視線を向けている。

「費用のこともまさに鈴木さんがおっしゃるとおりですね。審査や電子化にかかる経費も増えている。学術雑誌は代替されるものがなく価格競争がないことや、論文数が増加していることも、学術雑誌の値上げにつながっているようです」

「一定数購入してくれる人がいる上に、その雑誌に載る論文数が多ければたしかにわざわざ値下げする必要はないですもんね」

「そうなんですよ。そして、基本的には、雑誌タイトル単位ではなく、パッケージで契約しなければいけないので、それもあって経費がかさむんですね」

（ウチの大学の電子ジャーナルの経費なんて、考えたこともなかったけど……。神崎部長はそういうところも考えながら動いてたってことだよね）

智美は神崎部長のことを思い浮かべながら、今後の業務で知るべき情報が見えた気がして、俄然やる気が湧いてきた。

「となると、大学それぞれで電子ジャーナルの選定や、経費の使い方もかなり工夫しているんですかね？」

「そうですね。だから国立大学とか私立大学がコンソーシアム（※6）を形成して、外国の出版社との契約交渉を行うようなこともしているみたいですね」

「コンソーシアム……ですか？」と聞き慣れない言葉に少し戸惑う智美と由紀を見て、梶野さんがすかさずフォローする。

「ああ、コンソーシアムっていうのは、同じ目的を持ったいくつかの大学や研究機関などが連携・協力する『組織』のことですね」

「勉強不足ですみません。よく理解できました、ありがとうございます！」

「それで費用面は、いつの時代も図書館では頭の痛い問題かとは思うのですが。いまや学術情報の中心と言えば、電子ジャーナルと言っても過言ではないほどにまで普及しています」

たしかに学生へのレファレンスでも、電子ジャーナルを提案することは珍しくない。智美も由紀も、梶野さんの説明に聞き入っている。

「早稲田大学が二〇一九年に行った『早稲田大学における電子ジャーナルの利用実態に関するアンケート調査』では、学生からも教員からも回答を得ていますが、八割以上の人が、定期的に電子ジャーナルを利用する習慣があるようなんです」

「もうそんな割合まで来ているんですね」

「そうなんですよ。電子ジャーナルは複数の人が同時に閲覧することが可能であったり、データベースのリンクや全文検索などで関連文献の検索が簡単になったり、紙版の雑誌よりも早く文献を読める場合もありますし。何より学外からでもアクセスできるので、図書館が開いている時間にとらわれずに情報を得られる点など、さまざまなメリットがあるんですよね」

智美の大学でも、大学内の人間に限りだが、学外からアクセスすることができる。

※6　共同事業体。事業の遂行や資金蓄積など、共通の目的に向かって協力する、複数組織の集団。

「種類・質ともにさまざまな学術雑誌が数多く発刊されているので、研究者からすると、信頼性や、研究成果をより向上させるために、より注目度が高く、評価の高いジャーナルへ論文を投稿したいと考えますので、その候補を検討・探索する際にもとても役立ちますね」

「そういう使い方があるっていうのを、まさにこないだの講演会で初めて知って」

同意を求めるように智美が由紀のほうを見ると、由紀も熱心にうなずく。

「そうだったのですね。たしかに、どのジャーナルを購読するかの、選定材料に使うケースがメジャーではありますよね。あとは自大学の研究力の分析や、競合となる研究を調べ比較するベンチマーク（※7）として活用できる話も先日したと思います。自大学の研究の被引用度を確認すれば、どの研究が注目されているのかがわかり、自大学の強み分野も抽出しやすい……と」

智美と由紀は、講演会の資料を見返しながら、梶野さんの解説に耳を傾ける。

「それによって、大学組織としての研究戦略を考えられますし、国立大学法人などであれば中期目標期間評価といった際の法人評価の特筆事項（※8）としても活用できるんですよね。この辺の講演会の説明は、おおよそご理解いただけましたか？ 基本的にはこちらから説明し続ける形式だったので、もし気になるところがあれば改めて話します」

梶野さんが、話すスピードも配慮してくれたので、智美も大体の要点はメモできた。

「いえ、本当に具体的な話までしていただいてありがとうございます。ところどころ私は質問させてもらったので、大丈夫です」

智美はそう返しながら、チラチラと横目で由紀を気にかけている。由紀も智美のコメントに合わせてうなずきながら、梶野さんに投げかける。

「ありがとうございます。とてもわかりやすく説明してくださって私も感激です。ちなみに梶野さんは、普段から学生さんにレクチャーをされていたりするんですか？」

梶野さんの説明は的確ながらも、こちらのペースに合わせてくれる心地よさがあった。

「いえいえ、ありがとうございます。それが、私は学生とかかわることはほとんどないんですよ。研究支援の中で、大学院生と一緒に業務をやることはありますが、教員とのコミュニケーションがメインです。大学によっては、URAが学部生の論文を見るところもあるみたいですけどね」

「そうなのですね。大学にお勤めで、学生にあまりかかわらない……というのが私たちからすると逆に新鮮です」

智美も「うんうん、ですね」と相槌を打っている。

「それで、一つだけ質問をしてもよろしいでしょうか？」

「もちろんです」

「ありがとうございます。電子ジャーナルの契約についてなんですが、URAの方が図書館側に直接働きかけること

※7　基準のこと。ビジネスにおいては、目標とする指標や、自社の比較対象である競合他社を指す。

※8　文部科学省が国立大学法人の実績を評価する「中期目標期間評価」を実施するにあたり、大学が自己評価として記入する、特筆すべき事項。

って、あったりするんでしょうか？　これを契約するのはどうか、ですとか」

　普段の業務を思い返すかのように、梶野さんは視線を斜め上に向けながら答える。

「ええ、そうですね。予算の問題もあったりするので、あれもこれも契約してください、というわけにはいきませんが……、自大学の研究の強みとか弱みを踏まえた上で研究戦略を立てて、環境整備の一つとして『このジャーナルを契約してほしい』とか、論文データベースの話をすることはありますね」

「やはりそういう連携もあるんですね」

「あとは予算の話をしに行くこともあります。私自身も気になったことがあれば、自大学の図書館の担当課長に話を聞きに行きますし」

「そうなんですね。リアルな連携がわかりました。ありがとうございます」

（ウチの大学にはＵＲＡがいないからこそ、自分たちが大学教員への研究支援サービスを担っていけたらベストだよね……）

　そう智美は確信した。そして、神崎部長から話があったように、これから立新大学も研究支援を推進しようとしている。今後の業務の広がりを想像して、ますますやる気がみなぎってくる。

「梶野さんから今日話を伺って、ますます自分の役割というか存在意義を考え直せたというか……。教員の方々のサポートをしたいっていう気持ちが強まった気がします。電子ジャーナルをいきなり使いこなすのは難しいかもしれませんが、勉強を重ねていって、積極的に、幅広いレファレンスにも対応できるようにしていきたいと思います」

智美が直近の抱負を述べると、由紀も「そうですね。初めてのことも多いので少しずつ経験を積みつつ……私も鈴木と一緒に研究支援に役立つ業務を考えていきます」と続ける。

梶野さんも「ぜひ。応援しています。また何かわからない点とかあればご連絡ください」と、背中を押してくれた。

気が付いたら、時計の針が十四時二十分に差し掛かるところだった。もともと一回のレクチャーの目安時間を一時間から一時間半程度でお願いをしていたのだった。

「梶野さん、すみません、結局時間ギリギリになってしまいましたね……！　今日はお時間をいただきまして、ありがとうございます。ＵＲＡが整備されるようになった背景や、実際のＵＲＡの役割、またＵＲＡと司書業務との共通点という観点で、より詳しく知ることができました。電子ジャーナルの重要性も再確認できて良かったです！」

「いえいえ。お役に立てていれば光栄です。また次回、どうぞよろしくお願いします」

後半の回は、偶然にも梶野さんが九月に東京出張の予定があるようで、対面でレクチャーをしてもらうことになった。次回の日程を取り急ぎ決めて、お互い「失礼します」と言いながら、画面を閉じる。

「ふー、すごい収穫だったな……電子ジャーナルの勉強、頑張ろう……！」

「やることは盛りだくさんだけど、具体的にいろいろ見えてきましたね……！」

智美と由紀は緊張感から解放されて顔を見合わせると、笑い合う。ノートパソコンとスピーカーを持って、足取り軽く会議室を出た。

事務室に戻ってきた智美と由紀に自席にいた神崎部長が気づく。

「あ、部長。梶野さんとの第一回目のレクチャー会、無事終了しました。ウチの大学でも先生方の研究支援に力を入れていくという話をした上で、今回のレクチャー会の意義のようなものをお話し、梶野さんからもご協力の快諾をいただきました」

「おお、そうか。いろいろ進めてくれてありがとう。どうだった？」

「梶野さんがＵＲＡになられるまでの経緯とかも聞けましたし、ＵＲＡと大学内の他部署との連携とか、セミナーでは聞けなかった詳しい話もたくさん聞けたので良かったです。ね、由紀ちゃん？」

「はい。ぼんやり想像でしか考えられなかったところも、細かく伺うことができました」

「それで次は、九月に東京に出張でいらっしゃる日があるそうなので、直接お会いしてレクチャーをいただけることになりました」

智美は、部長の横にある棚にスピーカーを戻しながら、報告をする。

「そうかそうか。わかった。次回ももちろん業務時間内に行ってくれていいからね」

智美は、その他に梶野さんから聞いた話を部長に軽く説明すると、「じゃあ、オンライン打ち合わせの録画もあるならそれも見てみようかな。あとは、ぜひ課のみんなにも聞いてほしいから、九月の学術情報課の会議のときに共有してもらってもいいかな」との提案を受ける。

「はい。皆さんに実のある話ができるように、しっかり吸収してきたいと思います」

智美は、そう宣言するとカウンター業務に戻った。一歩引いてそのやり取りを見守っていた由紀も、自席に戻って事務仕事を再開させた。

智美、教員のレファレンスで自信を持つ

（こういうのもウチの大学って契約してたんだ）

梶野さんとの前半レクチャー会から三日後、ここ数日間、智美は改めて自館の電子ジャーナルを眺め、契約している媒体の特性やその分野などを、カウンター業務の合間に研究していた。紙媒体がすべてなくなることはないだろうが、学術資料の比重として電子ジャーナルのほうが大きくなっていることを受けて、改めて実践的な勉強をしようと思ったからだ。書籍となると、選書→購入→管理→収集の業務の流れがあったわけだが、電子ジャーナルとなると、一冊一冊の選書ではなく、アクセスをするための外国出版社との調整をする必要があったり、国内の代理店から一括購入したりすることか

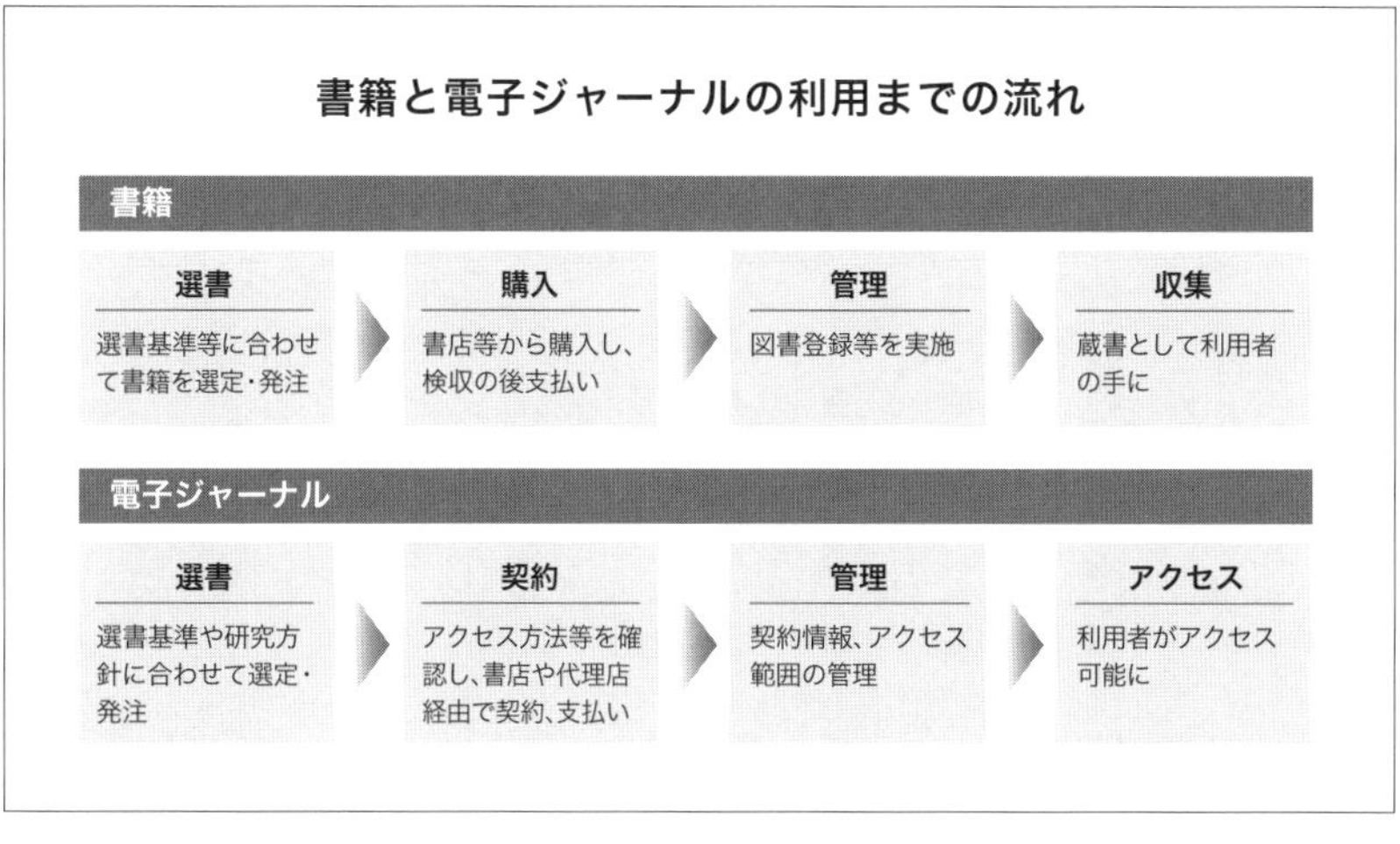

ら、情報入手の手段が異なる。また、蔵書をするという概念ではなく、アクセスする権利を獲得するという考え方になる。まずは、そのあたりの頭の切り替えが必要になりそうだ。

「鈴木さん、ちょっといいかな？」

カウンター内で返却された本の整理をしていたら、神崎部長がカウンターの外から手招きをしている。カウンター業務に一緒にあたっていた由紀に「由紀ちゃん、ちょっと行ってくるのでお願いします」とカウンターを任せると、神崎部長へと駆け寄る。

「どうしましたか？」

「理工学部の石橋教授から、文献の調査を頼まれていて、少し手が離せないから、鈴木さんちょっと対応してみてくれない？　これがメモなんだけど。石橋教授はまた十五時頃に来館されるそうだから、そのときまでということで宿題を預かっているんだけど……」

神崎部長が、石橋教授から聞いた内容のメモを智美に手渡した。

〝食品廃棄物の成分分析について書かれている文献、食品廃棄物に関する地域課題や取り組みの歴史、廃棄物に関する統計データ〟

「廃棄物……ですか」

「うん、まぁＳＤＧｓの観点から、食品や廃食油とかの一般家庭から出る食品廃棄物をリサイクルするためのプロジェクトを、学内で立ち上げてくれないかって言われたみたいなんだよね」

「プロジェクトですか」

「そう。それでいろいろ聞いたんだけど、廃棄物をエネルギー資源として利用するための実証試験につなげて、地元の企業や自治体と連携する計画をしているそうだよ。そこで、食品廃棄物そのものの文献だけでなく、食品廃棄物に関しての課題や歴史、統計とかも必要としているらしい。ちょっと大変かもしれないけれど、探してみてくれるかな」

　智美は、梶野さんが話していた「研究戦略を考える前の文献調査」のことを思い出した。

（これもそれに近い業務なのかもしれない……！）

　今が十一時なので、あと四時間ある。智美は神崎部長からメモを受け取り、「はい、ぜひやらせてください」と返した。

「おお、ありがとう。ちょっと今日は分館に出かけることになっちゃってさ。夕方まで戻ってこられそうになかったから助かるよ。じゃ、石橋教授には、鈴木さん宛てに来てくださいって伝えておくからね」

　部長がそそくさと出かけると、智美は「え〜と……どこからやろうかな」とつぶやきながら〝食品廃棄物〟のキーワードをもとに文献調査にあたった。

　まずは単純に〝食品廃棄物〟がタイトルに入っている書籍や、雑誌記事索引から〝食品廃棄物〟について書かれた雑誌を集める。そして電子ジャーナルなどを駆使し、廃棄物の成分について詳しく書かれている海外の論文も見つけることができた。

（あとは食品廃棄物の課題、歴史っと……）

智美は地域情報、歴史などの図書資料をいくつか見繕いつつ、オンラインの情報までまとめて、情報と資料を整理する。

十五時前後になると、智美は時計をチラチラ確認するようになった。「そろそろお時間ですよね」と、事情を把握している由紀も気にしている。

そして十五時十分を回った頃、ポロシャツ姿の四十代くらいの男性が、カウンターに近づいてきた。智美も同じタイミングで入り口に目を向けていたため、途中で目が合う。

男性は、智美の首から提げたネームプレートを一瞥する。

「あの、理工学部の石橋ですけれど、鈴木さんですか？ 神崎さんに文献調査をお願いしていた件で……」

智美は、思わず立ち上がると「はい！ 私です。石橋教授お待ちしていました」と頭を下げる。緊張で、必要以上に声が大きくなってしまった智美は軽く咳払いをして、由紀にアイコンタクトを取る。由紀は小さくうなずき、カウンター業務を智美から引き継いだ。

石橋教授用の資料をカウンターの後ろのデスクにまとめていたので、智美はそれを持って石橋教授の前に広げる。

「こちらの雑誌の、この記事は食品廃棄物全般について詳しく載っていました。研究データもいくつか掲載されていまして……あとこの図書も一式ご覧いただければと思います」

石橋教授は「はい。はい」と言いながら、一つひとつ真剣に該当箇所などを確認しているようだった。

「また電子ジャーナルで見つけたのですが、オランダのこの教授の論文でも紹介されているようです。もしよろしければ、ネットの情報もあるので、メールでＵＲＬをお送りしますが、いかがでしょうか？」

沈黙が三秒ほど流れたので、智美は（これだけじゃ不十分だったかな……。いや、そもそもまったく見当違いのものを用意していたりして……）と思考をめぐらせる。

「へぇ～こんなものもあるんだね。ありがとう、とても助かったよ。こんなに資料があるとは思っていなかったので予想外の結果でした」

その言葉を受けて、智美は肩の力がスッと抜けた。

「実は、文献の量次第では研究内容を方向転換しなければと思っていたんだよ。これならこのまま研究が進められそうだよ、助かりました。このあたりの書籍は借りて、一部複写と、あとネット情報はＵＲＬをメールでもらっていいかな？」

石橋教授は、そうにこやかに対応をしてくれたので、智美は満面の笑みになった。

「はい！　それではこちらは貸出ということで承ります」

石橋教授から再び図書を受け取ると、貸出手続きをして恭しく渡す。「ありがとうね」と笑顔の石橋教授を見送った。

入り口の自動ドアが閉まると同時に、横から由紀が小声ながらも、興奮しながら喋りかけてくる。

「すごいじゃないですか、智美さん。何だか教授、すごく満足されていましたね。これも梶野さん効果ですかね」

「うん、梶野さんに研究支援の心得というか、考え方というか、教わらなかったらここまでできなかっただろうな」

　智美の心は、これまでに味わったことのないような達成感に満ち足りていた。


　定時を迎え、タイムカードを打刻しようとしていたら、ちょうど神崎部長が分館から戻ってきたところだった。

「ああ、鈴木さん、お疲れさま。さっき石橋教授から文献調査の件、お礼のメールが届いていたよ。すごく助かったって。ありがとうね。こちらも助かったよ。またよろしくね」

　そう神崎部長に褒められて、智美はまたしても高揚感に包まれる。

「いえいえ、お役に立てて光栄です。今後も、何か私にできることがあればぜひやらせてください。……じゃあ、お先に失礼します」

　智美は部長に会釈をすると、事務室を出た。真夏の十六時半はまだまだ昼間のような暑さだ。一気に吹き出てきた汗をタオルで拭くと、晴れやかな気持ちで駅へと向かった。

第5章

智美、電子ジャーナルの復習とオープンアクセスの予習をする

智美、電子ジャーナルの契約について勘違いをする

今日も、東京は雲一つない晴れ模様だ。キャンパス内の木々の至る所に止まっているセミのけたたましい鳴き声が、ますます体温を上昇させる気がする。昨日、石橋教授へのレファレンスの成功体験により、智美はすっかり有頂天になっていた。研究支援にかかわるサポートへの自信が生まれ、(レファレンス、どんどん担当したいな!)と意気込んでいる。大学図書館司書としてステップアップできる予感に、ワクワクしていた。

学生は夏休み中なので、館内の人はいつもよりまばらだ。なかには仕切りのあるキャレル席で開館と同時に来館し、卒論制作に励んでいる四年生もちらほらいるようだった。文学部の学生だろうか、年季の入った分厚い文献を何冊も持ってきてはページを行ったり来たりしている。

智美が返却ボックスに入っていた返却図書の手続きをしていると、エントランスの向こうから、理工学部の川下教授が入ってくるのが見えた。「あっ」と智美は思わず小さく声を出した。今日は、神崎部長は他大学の図書館へ出張に出かけていて、しばらく戻ってこない。案の定、川下教授がカウンターまで来て、智美に声をかける。

「おはようございます。理工学部の川下ですが、神崎さんはいらっしゃいますか?」

特に約束ではなかったようで、神崎部長の外出のことはご存じないようだった。

「川下教授、おはようございます。本日ですが、あいにく神崎部長は不在で、夕方まで戻らない予定となっておりま

す。もし私でよろしければ、ご用件を伺いますが……」

智美は緊張した面持ちで、川下教授に向き直る。でも以前の自分と比べると、対応への自信は少しばかりある。

「あ、じゃあ……えっと、鈴木さんにお願いしてもいいかな?」

川下教授は一瞬言い淀んだが、智美のネームプレートに視線を向けながらそう問いかける。

「はい、もちろんです。どういったご用件でしょうか」

「ありがとう。実は、この雑誌に載ってる論文を読みたいんだけど、うちの大学って契約しているのかな?」

川下教授は、以前、立新大学図書館でパッケージ契約しているA社の電子ジャーナルの中にある、Bという学術雑誌が読めた過去を説明してくれた。ということは、同じA社の電子ジャーナルの中にある、Cという学術雑誌の論文も読めるのか……を確認しに訪ねてきたという。

「かしこまりました。お調べしますので、少々お待ちくださいませ」

智美は、パソコン端末に戻り、職員全員で共有している「電子ジャーナル一覧表」を見る。川下教授が言っている、A社が出している電子ジャーナルの中に、Bという雑誌もCという雑誌も入っていた。智美は川下教授の元へ戻って答える。

「川下教授、たしかにおっしゃるとおりCの雑誌も読めますので、ご確認ください」

川下教授は「それは良かった、ありがとう」と安堵した様子を見せると、図書館を出ていった。川下教授の背中を見送った智美は、その後も卒論制作の学生のレファレンスを何件か受け、忙しなく過ごした。十二時をまわったあたりで、お昼休憩のために多目的室に向かう。

窓から外を見ると、ジリジリとした日差しがまぶしい。ガサゴソと音を立て、智美は今朝、大学の最寄駅で調達したサンドイッチを手に取る。この時期は食べ物がすぐ傷むので、手作り弁当を休止して、買ったものを食べるようにしている。（この新作、当たりかも……！）とサンドイッチを頬張りながら、スマートフォンでニュースサイトを見ていると、遠くから足音が聞こえる。ほどなく、ドアがノックされた。

「はい」

智美が反応すると、ドアから由紀の顔がのぞき、神妙な面持ちでこちらを見ている。

「智美さん、先ほど川下教授からの電子ジャーナルの質問を受けていましたよね……？　何かまたカウンターにいらっしゃって、『鈴木さんから閲覧できるって聞いていたCの雑誌が見られなかったよ』って、それだけおっしゃっていました」

「……え？」

「もう出てっちゃったんですけどね。怒っている感じじゃなかったんですが……。一応早めにお知らせしておこうかと思いまして」

由紀の話を聞いているうちに、智美の顔からわかりやすいぐらいに血の気が引いていった。

「えっ、なんでだろう。たしかにA社の中にCの雑誌が入っていたんだけどな……」

「そうなんですね、すみません。教授に詳しく聞こうと思ったんですが、『大丈夫、大丈夫』ってことだったので、特に引き止めなかったのですが……」

真っ青になった智美を見て、由紀も心配そうな顔をしている。智美はいてもたってもいられず、休憩を切り上げることにし、ごみをコンビニ袋に無造作に入れると、「由紀ちゃん、ありがとう」と、事務室に戻る。

（なんで？ 見間違い？）

そんなことを考えながらパソコンで「電子ジャーナル一覧表」をもう一度見てみる。

「うーん。合ってる」

ゆっくりとスクロールしながら、一覧表をくまなく見返す。

「あー……。やっちゃったよ」

智美はようやく、表の「注意事項」の見落としに気づいた。Cの雑誌の契約は、昨年度で切れている。

由紀が、うなだれる智美に「どうしますか？ 川下教授のところに一緒に謝りに行きましょうか？」と親身になって問いかける。

「う、うん、そうだね……。いや、私一人で行くから大丈夫だよ。今、カウンターも人が手薄だから、後で行くね」

ちょうど、智美と入れ違いで他の職員がお昼休憩に出たのだった。午後からは新刊の受け入れもあるので、忙しくなることもわかっている。

しかし、智美の心はここにあらずで（どんな風に川下教授に説明しよう……）と、頭の中を謝罪の言葉がぐるぐる回っていた。すべての職員のお昼休憩が終わった十四時半頃、予定が早く終わった神崎部長が外出先から戻ってきた。

そんな神崎部長を気にしながらもカウンターで業務を続ける智美に、由紀がこっそり耳打ちする。

「智美さん、私がここやっておきますから、もし部長に話したいなら行ってきてもらっていいですよ」

智美は「ありがとう」と手を合わせると、足早に事務室に向かう。

事務室では神崎部長が、汗をぬぐいながら麦茶を飲み、メールチェックに取りかかるところだった。

「神崎部長、ちょっとよろしいでしょうか……お話があります」

智美の不安げな表情を見て、部長が「どうしたの？ 鈴木さん」と心配そうに立ち上がる。そして、横の打ち合わせスペースへと促してくれた。


「実は今日……」

智美はそう切り出すと、今日の川下教授とのやり取りと、電子ジャーナルの契約内容を見落とし、誤った情報を伝えてしまったことを話した。「それで、できれば川下教授に謝罪しに行きたくて、今日のどこかで川下教授のところに伺うお時間をいただいてもよろしいでしょうか？」と尋ねる智美に、相槌を打ちながら聞いていた部長は柔らかな口調で励ましてくれる。

「なるほど、そういうことね、そういうミスは僕もよくあったなあ。いや、と言いつつ今でも正直時々あるかな。結構電子ジャーナルの契約って複雑だったりするからね」

神崎部長は、やや伏し目がちな智美を気にかけながら続ける。

「ちょっとややこしいんだけど、A社はもともと紙媒体で契約していたんだよね。それで途中からパッケージ契約の電子ジャーナルに切り替えたことで、紙媒体の契約をしていなかった他の学術雑誌も見られるようになったっていう経緯がまずあって。でもA社の電子ジャーナルの利用状況を見て、ウチの大学ではあまり利用されていないみたいだから、契約を解除したんだよね」

「そうなんですね。あの、でも契約を解除したらBの学術雑誌も読めないはずですよね……。なんでBだけ読めたのでしょうか?」

「うん。実は、それまで紙媒体で契約していたものはそのまま継続して見られるってこともあるんだよ。今回川下教授が言っていたBっていう雑誌は紙媒体契約があったもので、今でも雑誌を閲覧できる権利がウチの大学図書館に残っていたってことだと思うよ。でも、紙媒体で契約していなかったCの雑誌は、当然A社の電子ジャーナルの契約が切れたタイミングで見られなくなったってわけ」

神崎部長の丁寧な説明のおかげで、混乱気味の智美も、契約の仕組みがようやく理解できてきた。

「でも、同じA社の学術雑誌だから、Bが読めたらCも読めちゃうって思うよね。わりとよくある問い合わせだから……、勘違いしちゃっても仕方ないから、そんなに気を落とさなくても大丈夫だよ、鈴木さん。まあ、川下教授には何か僕から一言伝えておくよ」

神崎部長が、何も怒ることなく優しく接してくれるので、なおさら智美の心が痛む。

「ありがとうございます。でも川下教授にはご迷惑をかけてしまったので、私から謝罪をしたいのですが……」

「とりあえずもう今日は、川下教授は大学にはいないと思うよ。あと、明日また図書館で打ち合わせの予定があるから、そのときにでも直接言ってみたらどうかな?」

「ありがとうございます！　そうします」と智美が深々と頭下げると、

「あまりにも思いつめた表情をしていたから『辞めます』とか言われるのかと思って焦ったよ」

神崎部長が冗談交じりに笑う。

「そんなこと言わないですよ！　今すごくいろいろと充実していて、むしろもっと頑張りたいと思っています」

「ははは。それはよかった。あんまり気にしすぎないでね」

「ありがとうございます。じゃあ、カウンター業務に戻ります。申し訳ありませんでした」

智美は深々と頭を下げると、カウンターに戻り、貸出の対応を率先して進めた。

翌日、九時半を過ぎたあたりから智美の落ち着きがなくなってくる。神崎部長から、十時に川下教授が訪ねてくると聞いたので、カウンター内で仕事をしながらも、今か今かとそわそわしながら待っていた。すると十時ちょうどくらいにエントランスから、川下教授が入ってきた。カウンターで声をかけられるよりも早く、智美が立ち上がり、川下教授へ駆け寄る。

「川下教授、おはようございます。昨日は電子ジャーナルの件、私の見落としにより、大変なご迷惑をおかけし、申し訳ありませんでした」

智美が深々と頭を下げると、川下教授は一拍置いてから微笑んだ。

「鈴木さん、気にしないでよ。こちらも全然気にしていないし、よくあることだから。ちなみにお目当ての論文は、国会図書館の電子ジャーナルで見られたから、大丈夫」

川下教授が論文をきちんと見られたことに、智美は安堵した。自分の情報伝達ミスのせいで、研究への影響が出てしまったらどうしようかと、とにかく不安だった。

「温かいお言葉、ありがとうございます。とはいえお手数おかけし申し訳ございませんでした。今後、間違えのないように勉強しますので、どうぞよろしくお願いします……」

智美はさらにかしこまる。

「大丈夫だよ、本当に気にしないで！ また何かあったらよろしくね！ あっ、神崎さん」

川下教授は、本当に気にしていなさそうな素振りで手をひらひらとさせると、ちょうど事務室から現れた神崎部長に駆け寄った。神崎部長も、智美を見ると「川下教授と話せて良かったね」という気持ちを込めてか、軽くうなずいて、川下教授とともに打ち合わせスペースへと向かっていった。

午前中のカウンター業務を終え、智美が事務仕事のために事務室に戻ると、ちょうど梶野さんからメールが届いていた。二回目のレクチャー会の待ち合わせの店について、メールで打診をしていたからだ。ただ、昨日の電子ジャーナルの案内ミスのことも梶野さんに報告していたため（あ～どんな返事が来てるんだろう……）と、緊張の面持ちでメールを開く。

すると、梶野さんからのフォローのメッセージが目に飛び込んできた。「電子ジャーナルの契約の件は、よくあるミスだからあまり気にしないほうがいい」といった内容が丁寧に記されていて、智美はひとまず安堵した。第一回目のレクチャー会以降、すっかり梶野さんの弟子気分になっている智美は（師匠……！ありがとうございます）と心の中で返答しながら読み進める。そこには、次回のレクチャー会では、梶野さんの『司書トレ』の後半にある「オープンアクセスと機関リポジトリについて説明しますね」と書かれていた。

智美は、電子ジャーナルの助言について感謝の言葉を記すとともに、

――次回についても、梶野さんの司書トレを見て学習を進めておきます。引き続きよろしくお願いいたします――

と返信する。メールの画面を閉じて、事務作業に戻った。

智美、加奈子に近況を報告する

八月もあと数日で終わりとなり、今日は加奈子と久々に外でランチの約束をしている。先月、梶野さんのセミナーに一緒に行って以来なので、約一カ月ぶりだ。二人は、ちょうど加奈子と智美の住んでいる中間の駅に、イタリアンのお店がオープンしたことをＳＮＳのメッセージで話していた。ネット上で、なかなかおいしそうな写真が並んでいたようで「ここに行ってみない？」と加奈子からの提案があった。二人はさっそく予定を合わせ、予約したのだった。

駅前のコンビニエンスストアの前で智美が待っていると、改札の向こうから手を振っている加奈子が近づいてきた。智美は駆け寄り、互いに「久しぶり」と声をかけながら駅を右手に出て、店に向かって歩き始める。

「どんどんこの駅もおしゃれなお店とか増えて、活性化してきたよねー」

十数年前までは、駅前にはロータリーとコンビニエンスストア、ファストフードの店と居酒屋がまばらに建っていただけだった。だだっ広いイメージだった駅周辺が、今や高級志向のスーパーができ、カフェなどの飲食店も多く立ち並び、すっかり〝栄えた〟駅になっていた。

予約をしてくれた加奈子いわく、その店は駅から五分ほど歩いたところの路地にあるという。「路地沿いのところがオープンカフェみたいになっていて、すっごく素敵なの！」とＳＮＳのメッセージでも熱弁していた。

「あ、ここじゃない？」

加奈子が指を差すと、想像以上に大きな建物が目に入る。それこそ十数年前のこの街には考えられない店構えだった。加奈子の言っていたとおり、入り口横のスペースにテーブルと椅子が置かれた開放的なエリアが広がっている。智美は加奈子の後ろをついて店内に入る。見渡すと、高い天井、間隔が広く空けられたあたたかみのある木のテーブル、そして至る所に観葉植物が置かれている。

「わぁ……」

開放的で居心地の良さそうな空間に、加奈子と智美は思わず声を漏らす。ここのところ職場と家の往復で、家族での外食もファミリーレストランや回転ずしばかりだった。非日常な感覚に気持ちが昂っている。

「予約していた間瀬です」

加奈子が、レジにいた若い店員さんに話しかけると、「お待ちしていました」と窓際のソファ席に案内してくれた。

「すごく雰囲気がいいね。こういうところ、なかなか来られないから嬉しい〜!」

智美と加奈子は革張りになったソファに腰かけると自然と笑顔になる。智美はパスタランチ、加奈子はピザのランチセットを注文する。駅からの数分間だけでも汗だくになっていた二人は、店員さんが持ってきてくれた、冷たい水の入ったグラスを一気に傾ける。

「あー、生き返る〜。で、梶野さんの個人レクチャー第一回目が終わったんだって?」

加奈子は、おしぼりで手を拭きながら、興味津々といった感じで智美に尋ねる。加奈子には、SNSのメッセージであらかじめ報告していたのだった。

「うん、改めてURAと『司書トレ』の他のカテゴリーとの関連性とか、〝他部署との連携〟で具体的に大学にはどんな部署があって、どんな内容でURAと連携しているのか、とかを詳しく教えてもらえたよ」

「へぇ」

「図書館はもちろんだけど執行部、国際連携や情報基盤の部署とか、広報……とか、逆に連携していない部署はあるの? てくらい。業務の幅広さに驚いちゃって。URAが複数人いる国立大学とかあるけど、その業務量だったらそれだけの人数いるのも納得だなと思って」

「あぁ、たしかにうちの大学も一人じゃないかな。私も全員は把握できていないけど、少なくとも五人はいると思う」

加奈子は、智美の話に相槌を打ちながら、自大学のことを思い返す。

「あとは、電子ジャーナルのこととかも聞けたよ。電子ジャーナルの現状とか、『引用文献』の分析とか。私さぁ……実は今までは、学生さんからレファレンスを受けて、適当なキーワードでたまたま該当した電子ジャーナルを紹介することしかできていなくて」

「うんうん」

「今回の梶野さんの話で、電子ジャーナルの特性もわかったっていうか……もっと活用のしがいがあるものなんだって気づいてさ。費用面でいうと、かなりの経費がかかっているみたいだけど、学術情報のメインはもはや図書より電子ジャーナルになっているんだなって」

梶野さんの話を聞いてから、智美は、梶野さんの司書トレやオンラインレクチャーの動画の復習を重ねていることを話した。

「本当に智美は勉強熱心だね～。尊敬するわ……。うちの大学のＵＲＡの人に話したら『じゃあウチの大学の仕事を手伝って』って言われそう」

と冗談交じりに言いながら、加奈子が目を丸くしている。

「いやいやそんな。そう言われるぐらいの実力はつけたいけどね。それで実践……ってわけでもないけど、空き時間とかに図書館のＯＰＡＣからうちの大学図書館で契約している電子ジャーナルを調べたり、自分の大学の論文の……被引用度を調べてみたりしているよ。梶野さんが〝被引用度〟を知ることで自大学の強みがわかるって」

「あ～、たしかにウチの大学でも、法人評価として、被引用度をＵＲＡの方が調べてたことあるわ。特記事項っていう、自大学の優れたところとか特徴的な成果をアピールする欄に書いて、それを戦略材料にしていた気がする……」

加奈子の、ＵＲＡのリアルな話を詳しく聞いていると、

「お待たせしました。Ａランチのお客様……」

とにこやかな表情の店員さんがそれぞれの食事を運んできた。真面目な仕事の話から一気に空気が変わり、二人とも顔を見合わせて笑った。二人の前に食事がそれぞれ置かれると、

「おいしそう！　まあとりあえずご飯を楽しもうか」と言いながら、加奈子はマルゲリータのピザ、智美はペペロンチーノのパスタをそれぞれ口に運ぶ。

「お店の雰囲気もいいし、料理もちゃんとおいしい。加奈子の目はたしかだったね」

「でしょ？　偶然見つけてよかった～」

そんな会話をして、しばらく黙々と食事をしていると、加奈子がまた話を戻す。

「それで、また梶野さんにレクチャーの第二回目をお願いするんだっけ？」

加奈子はよほど喉が渇いていたのか、すでにアイスティーも飲み干していて、横を通りかかった店員さんに追加の水を頼んでいた。

「うん。次回は、『司書トレ』でいうところの後半部分のレクチャーで、〝オープンアクセスと機関リポジトリ〟がテーマなんだ」

「なるほど。オープンアクセスね。うちの大学でもそれは注目を集めている話題だわ。……注目っていうか日常的に欠かせない話題かな」

「そうなんだ。どういう風に注目されているの？」

智美は、加奈子に質問を投げかける。パスタの程よい塩加減とあさりと水菜との相性もバツグンで、ますます食欲がそそられる。

「やっぱり研究成果をインターネットに無料公開することで、研究成果の可視化につながるし、被引用度も上がったりするわけでさ。被引用度が上がることによって、法人評価にもつなげられるし。あとは研究者の知名度を上げる効果とかもあるしね」

智美は相槌を打ちながら、アイスコーヒーを一口飲んだ。

「加奈子は、オープンアクセスの仕組みとか大体はわかっていたりするわけ？」

智美が尋ねると、まるで外国人の素振りのように加奈子は肩をすくめる。

「まあ、ざっくりとはわかっているけれど、まだまだだよ。上長がその辺の管理は全部やっているし。大学図書館によっては、電子ジャーナルの契約にかかわっていないってところもあるみたいだけど、ウチの大学図書館はがっつり館長が予算取りもやっているし、どのジャーナルを買うのかとかも、教授に積極的に提案していたりするよ」

研究支援の力の入れ具合について、立新大学との温度差はありそうで（さすがは国立大学……）と智美は感じた。

最後にランチセットについていた、デザートのバニラアイスもしっかり食べて、二人は店を出た。駅前に戻ってくると、加奈子は「せっかくだから、ちょっと買い物してから帰ろうかな」というので、改札前で解散することになった。別れ際、加奈子は智美の背中を軽く叩きながら「じゃ、梶野さんの第二弾のレクチャー会も頑張ってね」と激励する。自然と智美の気合いも入った。

第6章

智美、オープンアクセスや研究データの管理を学ぶ

梶野さんとのレクチャー後半の日を迎える

九月に入ったものの、まだまだ真夏日が続いている。この日、お昼休憩のタイミングが同じだった智美と由紀の耳に、外で雑談する学生たちの声が聞こえてくる。

「夏休みのがらんとした大学構内、ちょっと新鮮で気に入っていたけど、やっぱり学生がいるほうがにぎやかでいいね」

「そうですね。活気が戻ってきた感じがあります。みんな夏休み、満喫したんだろうなぁ」

「あ、そうそう。今日は予定どおり、夕方からよろしくね」

今日は、梶野さんの東京出張に合わせ、というより無理やり組み込んでもらったようなものだが、URAの後半のレクチャーをお願いしている日だ。

電子ジャーナルの特性を把握するという観点で、智美は、一歩進んだレファレンスや先生方の研究支援を目指し、自己研鑽を怠っていない自負はある。学内で契約している電子ジャーナルのパッケージ名や、出版社名は暗記して、学生から文献調査を相談された際には、電子ジャーナルの活用についても説明できるようになってきた。由紀とも、お昼休憩の傍ら復習を心掛けている。

今回も業務時間内でレクチャー会を設定させてもらった。神崎部長からの、「そのまま直帰していいよ」との言葉もあり、解放的な気分で由紀と事務室を出発する。梶野さんとは、上野駅の浅草口から歩いて数分のカフェで待ち合わせをしている。

梶野さんは、午前中に企業との共同研究の打ち合わせがあり、その後、智美と由紀との打ち合わせの時間を割いてくれる。移動の電車内で由紀がふと、

「そういえば今日の場所って、なんで上野駅なんですか？」

と疑問を投げかける。

「梶野さんはレクチャー会の後、そのまま茨城に帰るんだって。上野なら帰りやすいからさ」

「あ〜常磐線通ってますもんね」

「うん。メールでそういう打診をしたら、梶野さんは『上野だとお二人の帰りが遅くなるんじゃないか』って気を遣ってくださって……」

「え、相変わらず丁寧な方ですね」

由紀は目を丸くしながら感心している。

「私もこういう用事がないとなかなか上野で降りないからさ。『久しぶりに行けるのが楽しみなので、上野でぜひ』って返したんだけどね」

「わかります。私も気になる美術展とかがあったときに行くぐらいですけど、意外と渋いカフェとか多いし、面白いですよね」

そんな会話をしている間に、電車は上野駅のホームにゆっくり入る。二人は電車から降りると、足早に改札を抜けて浅草口への階段を下りた。平日の夕方の上野駅は相変わらず混んでいて、ロータリーのタクシーもテンポよく乗客を吸い込んでいる。

「ここだここだ」

智美と由紀は、待ち合わせ場所の「ホワイトカフェ」に十四時四十五分に到着した。

「いらっしゃいませ」

シックな装いの店員さんが、智美と由紀に微笑みかける。

「三名で予約していた鈴木です」

「鈴木様ですね。……こちらへどうぞ」

レジに置いてある予約票らしき紙に一瞬視線を落とした店員さんが、窓際の四人席へと案内してくれる。

「先に着いてよかった〜」

空席を見るなり智美はそう漏らす。並んで座ると、由紀はあたりを見渡しながら口を開く。

「平日なのに、結構混んでますね」

「本当だね。念の為予約していて正解だったかも。カフェタイムだし、私たちみたいに打ち合わせで使っている人も何組かいるね」

智美は明るい表情でそう返しながら、持参したノートパソコンを鞄から取り出す。ちょうど店員さんが水を運んできて、「ごゆっくりどうぞ」と立ち去る。広いテーブルなので、パソコンを広げても梶野さんの邪魔にはならなさそうだ。智美は心の中でホッとした。

「……このお店、オープンしてからまだ一年ぐらいらしいよ。たしかに新しい雰囲気あるよね」

「そうですね。あっ智美さん。このお店、パンケーキが人気メニューらしいですよ」

由紀が水を飲みながらメニューを開く。「へー、美味しそうだね」と智美もメニューをのぞき込む。パラパラとページをめくっていると、由紀はメニュー表の奥のほうに視線を移し「あっ、梶野さんだ」と声を上げる。梶野さんは入り口でキョロキョロと店内を見渡していた。智美は立ち上がり、片手を軽く上げて会釈をすると、梶野さんもこちらに気づき会釈を返しながら向かってくる。今日もネイビー系のスーツに白いシャツのコントラストが映えている。

「こんにちは、鈴木さん。小林さん。すみません、お待たせしました」

「いえ、こちらこそお忙しい中ありがとうございます」

「とんでもないです。場所まで配慮いただきありがとうございます。ではえ〜と資料を……あ、先に何か頼みましょうか？」

「そうですね。メニューどうぞ」

智美が梶野さんにメニューを手渡す。

「ここのお店スイーツも評判みたいですよ、もしよければ……」と一言添える。パンケーキ以外にもさまざまなスイーツが載っている。ふと向かい側からメニューをちらりと見ていた智美が、

「あ、あんバターワッフルだ……あ、すみません、私、愛知県出身なので名古屋名物の〝あんことバター〟の組み合わせを見ると、つい反応してしまって」

とこぼすと、梶野さんは「そうなんですか、鈴木さんも愛知県出身なんですか？ 奇遇ですね、実は私もです」と答える。

同郷ということがわかり、具体的な出身地や、方言の話、名古屋名物の食べ物など、思いがけずローカルトークに花が咲く。急に梶野さんとの距離が縮まった気がした。由紀は、東京出身なので、二人の話に興味津々で耳を傾けている。結局、梶野さんはアイスコーヒー、智美と由紀はアイスティーをオーダーする。

「梶野さん、改めてですが本日はお忙しい合間にお時間を割いていただき、ありがとうございます」

智美は、梶野さんに再び感謝の気持ちを伝える。

「いえいえ、全然。前回は画面越しだったので、何だかこうやって対面でお会いするのは新鮮ですよね」

「はい、今日もどうぞよろしくお願いいたします！」

智美に続き、由紀も「よろしくお願いします」と恭しく頭を下げると、梶野さんが「こちらこそよろしくお願いします」と丁寧に応えてくれる。

「あ、……改めて、先月のメールでも詳細をいただいていましたが、文献のレファレンスで、教授に感謝されたんですよね。本当に良かったですね」

一回目のレクチャー会の後、智美は梶野さんとメールのやり取りをしている際に、理工学部の石橋教授から文献のレファレンスを受けて、どのように対応したのかを報告していた。自分のレファレンスが「研究戦略に役立ったようで、喜んでいただけた」と、嬉しさのあまりメールに書いた経緯があり、梶野さんも一緒に喜んでくれていたのだった。

「そうなんです。理工学部の教授がレファレンスにご満足いただけたようで本当に良かったなと思っています。そして、その後上長が他の教授のレファレンスを任せてくれるようになったんです」

「おお、それはすごいですね」

「まだまだですが、ありがとうございます。やってみると学部によって文献の特性が違ったりするので、いろんな考え方があるなぁと、やりがいを感じながら働けています。本当に、梶野さんにいろいろとアドバイスをいただけたおかげです。ありがとうございます」

智美が頭を下げると、梶野さんが「いえいえ、とんでもないです」と物腰柔らかに返すので、改めて智美は恐縮した。

「ただその後、メールでも話したとおり電子ジャーナルの案内ミスをしてしまい、結局プラスマイナスゼロと言ったところかとは思いますが……」

うつむきながら、川下教授の件を再び持ち出す。

「いえ、鈴木さん、電子ジャーナルの契約の件は本当に気落ちしなくていいと思いますよ。契約条件はいろいろ複雑なので……」

梶野さんがフォローすると、「お待たせしました。アイスコーヒーとアイスティーです」と店員さんが飲み物を運んでくる。ちょうど話は一度途切れ、梶野さんと智美、由紀の前にそれぞれコースターが並べられ、アイスコーヒー、アイスティーの順に置かれる。梶野さんは「ありがとうございます」と店員さんにお礼を言うと、一口飲んだ。それぞれが喉を潤したところで、本題に入る。

「梶野さん、お気遣いありがとうございます。それでは、改めまして本日もどうぞよろしくお願いいたします」

智美と由紀が頭を下げると、梶野さんが二人に紙資料を手渡してくれる。

「簡単なものですが、今日のレクチャー会の紙資料です。前回まではＵＲＡが整備された背景、ＵＲＡの役割、ＵＲＡと図書館司書の共通業務についてお話をしてきましたが、今日はさらに踏み込んだ話をしたいと思っています。まずは〝オープンアクセス〟についてですね」

二人は、「はい」と期待に満ちた顔でうなずいた。

「鈴木さんのご対応された論文のレファレンスの話が先ほど出ましたが、まさに研究者にとって『論文を書く』というのは、言うまでもなく最も大事な活動の一つですね。しかし、ただ書いて終わり、ではなく、論文の原稿をジャーナルに投稿したりします。そうすると、査読という作業が待ち受けているんですね。お二人は『査読』という工程はご存知ですか？」

「なんか、チェックする意味合いですよね……？」

おそるおそる返す智美に同調するように、由紀も「間違いがないかの確認ですか？」とつぶやく。

「そのとおりです。ここでは、ジャーナルにその論文を載せていいのかを決める作業のことを指します。具体的には同じ分野で深い専門知識を持つ研究者などの査読者や、ジャーナルの編集者、レビュアーたちがこの論文の科学的根拠は十分か、新規性があるか、掲載に値するかどうか、などとても厳しい審査をしているんです」

由紀は、査読の意味をノートに追記する。智美は感心しながら、

「査読者は、自分の研究もある中でそういう仕事もするってことですよね。知れば知るほど、研究者ってただ好きな研究をしているだけじゃないんですね」

と返す。梶野さんは微笑みながら口を開いた。

「とても忙しいですよね。さらにその査読のやり取りは数カ月、時に年単位になるときもあるんです。何度も査読者や編集者から指摘を受けて、修正を繰り返したり、追加で実験をすることもあります」

智美と由紀は「追加で実験をする」という言葉を聞いて、一瞬メモを取る手が止まった。(そんな労力も時間もかかってるんだ……)と改めて感心する。

「そういったやり取りの中で、論文のストーリー自体がひっくり返ることも珍しくないんですね。本当に一筋縄ではいかないことが多いんです。それで、非常に厳しい査読をクリアして掲載された論文を、『学問は人類共通の財産である』という思想のもとで、インターネットを通じて誰でも無償で読めるようにしよう、とする動きが生まれました。これが〝オープンアクセス〟の考え方につながっていますね」

智美は「オープンアクセス」と太字でメモを取りながら、梶野さんの説明に聞き入っている。

「オープンアクセスには現在二つの種類があります。まず一つ目は『グリーンオープンアクセス』というもの。これは有料購読制のジャーナルに掲載された論文、つまり、本来読者が料金を払って購入する論文や雑誌を、執筆した著者らが、自分の意思でインターネットを通じて無料で読めるようにする方法ですね」

「有料じゃないと読めない雑誌に掲載された論文なのに……いいんですか？」

そう話す智美に同意するかのように、由紀もコメントする。

「無料でインターネットで読めてしまったら、雑誌の出版社としても良くないような……」

二人の表情を見て、梶野さんはにこやかに答える。

「通常は、問題がある行為ですよね。グリーンオープンアクセスの場合は、出版社がエンバーゴを定めていれば、それに従わなければならない。でも、それを過ぎたらリポジトリなどのオンラインプラットフォームに自由にアップロードしてもいいんです」

「あの……勉強不足ですみません。『エンバーゴ』というのは何でしょうか？　何かの決まりのようなものなのかなとは思ったのですが」

申し訳なさそうに、智美が梶野さんに投げかける。

「ああ、いえいえ、私も進めてしまってすみません。エンバーゴというのは学術出版物や研究論文などのデータや情報が一定期間、一般の公開やアクセスから保護されることを指す用語です。エンバーゴが設定されていることで、有料購読制の雑誌の購読者が、まずはその論文の情報を独占的に見られるわけですね」

「『一定期間、一般の公開やアクセスから保護される』っていうのを言い換えると、その期間はその雑誌以外で情報を公開してはいけない……ということになるのでしょうか」

「そうです。基本的に論文の著者はそれを守り、エンバーゴが終了したら、著作権上の問題をクリアした版の原稿をリポジトリなどに公開しているんです」

梶野さんはグッと前のめりになる。

「というのも実は……雑誌に掲載された論文は、著作権が出版社へ譲渡されていることがほとんどでして……。その直前の『著者最終版』が機関リポジトリに登録されることが多いんです。機関リポジトリのことはまだ話せていなかったので、こちらに関しては、後で改めてご説明しますね」

「はい。ウチの大学でも、機関リポジトリはあり……事前に小林と予習も少ししたので、予備知識はあります。あ、資料もありがとうございます」

智美はそう礼を述べると、梶野さんに提供してもらった「オープンアクセスの種類」の紙資料に目を落とす。

「オープンアクセスのもう一つの種類は、『ゴールドオープンアクセス』と呼ばれるもの。これはあらかじめ著者が出版社に掲載料を支払うことで、出版後の論文が誰でも無償で閲覧可能になるという仕組みのことです。最近では、この方式を採用したオープンアクセスジャーナル、もしくはオープンアクセス雑誌とも呼ばれますが、これが非常に増えているんですよ」

「オープンアクセス雑誌についても『司書トレ』で説明されていましたが、面白い仕組みですよね」

オープンアクセスとは

●オープンアクセスとは？

研究成果（研究論文）を、誰もが自由に無料で読めるようにしようとする取り組みのこと

オープンアクセスの種類	
グリーン オープンアクセス	有料購読制のジャーナルに掲載された論文。本来読者が料金を払って購入する論文や雑誌を、執筆した著者らが自分の意思で、インターネットを通じて無料で読めるようにする方法
ゴールド オープンアクセス	あらかじめ著者が出版社に掲載料を支払うことで、出版後の論文が誰でも無償で閲覧可能になるという方法

※論文の著者から高額の論文掲載料を得ることのみを目的とし、査読を適切に行っておらず、低品質の論文を掲載する粗悪な学術誌「ハゲタカジャーナル」問題がある

「著者は自分の論文を多くの人に見てもらえますし、読者は無料で情報が手に入る。どちらにもメリットのあるものですよね。そしてURAの立場からすると、こうしたオープンアクセスの仕組みを活用することで、研究成果を効果的に、広く公開する手助けができるともいえますね」

智美は、自分の予習や由紀へのレクチャーでは、ひたすら用語の意味や関係を追うことしかできていなかったと気づいた。URAの視点で見たときの「オープンアクセス」の有用性が、梶野さんの解説によってようやく理解できた。梶野さんの説明は続く。

「一方、最近ではオープンアクセスジャーナルの仕組みを悪用した、粗悪な学術誌、または『ハゲタカジャーナル』と呼ばれているものの問題も浮き彫りになっています」

「ああ、司書トレでもたしか出てきていましたよね」

「そうですね。念の為説明するとハゲタカジャーナルは、論文の著者から高額な論文掲載料を得ることのみを目的に発行されている雑誌です。査読を適切に行っていない、低品質の論文を掲載するオー

プンアクセス形式の学術誌とも言えますね」

「う〜ん。こんなものが本当にあるなんて……」

「大学がこういったジャーナルにお金を支払ってしまうと、信頼性のない研究が広まり、著者である研究者や、所属する大学の信頼・評価まで低下する可能性もあります。学術界にマイナスな影響も与えかねません」

　梶野さんは眉をひそめながら、ハゲタカジャーナルの現状を嘆くように語り続ける。

「さらにハゲタカジャーナルは、論文の投稿料以外にもさまざまな料金を請求したり、契約条件を含めて非常に厳格な規則を作ったりしている場合があります」

「ええ……」

「その規則によって、一度投稿した論文が取り下げられなかったり、他の雑誌への再投稿ができなくなったりする恐れもあります。また論文の長期的なアクセスが約束されない可能性もあるので、ハゲタカジャーナルに巻き込まれないよう、信頼性のあるジャーナルを選んで、研究論文を公表することが本当に大切なんですね」

「ジャーナルの選定は、研究者として気をつけるべきことかもしれませんが……そこをＵＲＡがサポートするのが理想ですよね」

　智美はこの理不尽な仕組みにやりきれない気持ちを抱きながらも、ＵＲＡとしての役割を見出している。梶野さんは「まさにそのとおりです。ジャーナルを選定する際の、情報収集などでサポートするのもＵＲＡの大事な業務ですからね」と笑顔で返し、氷が溶けかけているアイスコーヒーに口をつける。

「では続けますね。先ほど話題に出した機関リポジトリですが、これはお二人もご存じのとおり、大学などが、所属する研究者の研究成果や学生の学位論文などをアーカイブ・公開するためのシステムです。立新大学さんにもある、と話されていましたよね」

「はい。あまりかかわったことはないのですが、会議では時々話題に挙がっています」

「機関リポジトリの定義は、国立大学図書館協会オープンアクセス委員会（※9）が二〇一九年に〝大学や研究機関などで生産もしくは保有する知識、情報、データをデジタル情報として公開することで、障壁がないアクセスが可能となって、その利活用を促し、新たな価値を創出する知識基盤〟と示しています」

難しい表情の智美と由紀の気持ちを察して、梶野さんが端的にまとめる。

「いってしまえば、大学としての成果公開の一つの方法ですよね。機関リポジトリにアップロードすれば、研究者はいち早く研究成果をアピールできるので、みなさん積極的に公開しています。質のいい論文であれば、被引用度も高まり、論文の評価をしてもらえる機会拡大にもつながりますからね」

「メリットがたくさんあるんですね。今までなんとなくしか把握していなかったので、今の説明でようやく魅力がちゃんと理解できたような……」と返す智美の横で、由紀も控えめにうなずいている。

「そしてＲＡの観点から見ると、論文などの研究成果を、アーカイブ・公開する支援だけでなく、研究データ管理も含んだ支援をする必要が出てきたとも言えますね」

智美は、梶野さんの話に聞き入りながら、熱心にパソコンにメモを取っている。気がついたらＷｏｒｄの三ページ目にまで突入していた。

「これらについてより詳しく知るには、先ほどお話に出た国立大学図書館協会オープンアクセス委員会や、大学図書館コンソーシアム連合のＪＵＳＴＩＣＥなどの活動が参考になりますよ。また、各大学が公開しているオープンアクセス方針やポリシー、〝ハゲタカジャーナル〟の注意喚起や対策をまとめたＷｅｂページもありますので、『大学名　ハゲタカジャーナル』などで検索してみると理解が深まるかもしれません」

梶野さんは、二人が初めて聞くであろう「大学図書館コンソーシアム連合（※10）」と「ＪＵＳＴＩＣＥ」の部分をゆっくり発音した。「その他、機関リポジトリに関しては、ＮＩＩ（国立情報学研究所）が開発・運用している『研究データ基盤』の概要を説明しているＷ

※9　国立大学図書館協会が設置した組織。大学の教育研究成果の発信や、そのオープン化と保存に取り組み、大学における教育研究の発展等を目指す。

※10　電子リソースに関する契約、管理、保存活動やそれに付随する業務に携わる人材育成を通して、電子ジャーナルをはじめとする学術情報を安定・継続的に確保する基盤整備を目指す、共同集合体。

機関リポジトリとは

●大学などが、所属する研究者の研究成果や学生の学位論文などをアーカイブ・公開するためのシステム

"大学や研究機関などで生産もしくは保有する知識、情報、データをデジタル情報として公開することで、障壁なきアクセスを可能とし、その利活用を促し、新たな価値を創出する知識基盤"
（引用：国立大学図書館協会オープンアクセス委員会）

機関リポジトリの意義	RAの観点
大学としての成果が公開できる	効果的な研究成果公開の支援、研究データ管理支援など

ｅｂページも参考になりますよ。……ここまでおわかりいただけましたでしょうか」

智美は〝ＪＵＳＴＩＣＥ〟をさっそくインターネットで調べていた。由紀も画面をのぞき込む。

「あ、梶野さんすみません。さっそく気になった〝ＪＵＳＴＩＣＥ〟を調べていました」

「いえいえ、どうぞどんどん調べてください」

梶野さんはそう言うとアイスコーヒーを飲み、外の景色を眺めている。浅草方面へと続く大通りは、相変わらずひっきりなしに車が通っている。

「えぇっと、ＪＵＳＴＩＣＥの目的としては……〝電子ジャーナル等の電子リソースに係る契約、管理、提供、保存に係る総合的な活動や、それらの業務に携わる人材の育成等を通して、わが国の学術情報基盤の整備に貢献することを目的としています〟なんですね。平成二十三年の四月に発足したということは、できてから、まだ十年くらいですね」

するると、由紀がおそるおそる手を挙げる。

「梶野さん……ちなみに質問なのですが、機関リポジトリに登録されている論文は自分の大学の関係者だけでなく、他の大学のものも広く読める、という解釈で合っていますか？　レファレンスでもしかしたら使いたいときが出てくるかもしれないのですが、これまで業務であまりかかわっていないために、詳しく知らず……恐れ入ります」

「いえいえ、ご質問ありがとうございます。機関リポジトリに登録されたデータは、学外の人間でも無償で利用できますよ。ちなみに機関リポジトリには学術論文だけではなく、日本語の紀要や教材なども含まれています」

由紀が「ありがとうございます。そうなると、かなり膨大な情報を案内できますね。知っていると知っていないのでは、大違いです。学生のレポートや卒論制作だけでなく、日常的な学習のサポートにもつながりそうです」とコメントすると、智美もすかさず質問する。

「すみません、立て続けに質問で恐縮ですが、先ほどもお話に出た、ジャーナルと機関リポジトリの著作権のことをもう少し詳しく伺いたいです。先ほど、ジャーナルに掲載された論文の著作権は出版社側にあるというお話がありましたよね。著作権が出版社にあるなかで、どのように機関リポジトリへの掲載を進めればいいのでしょうか？」

梶野さんが一瞬笑みを浮かべた。

「鈴木さん、なかなか目のつけどころが良いですね。多くの機関リポジトリでは、論文を書いた著者の著作権はそのまま本人が保持し続けられるよう、規約で定めています。しかしジャーナルに掲載された論文は、著者から出版社に著作権が譲渡される。だから、機関リポジトリに掲載するには、出版社から掲載許諾をもらう必要があります」

智美は、前傾姿勢になりながら梶野さんの説明を聞いている。

「掲載を許可してもらうための実際の手続きは、論文の著者、または大学図書館職員などの代理人が出版社に連絡をし、許諾を受けるという流れが多いですね」

「ちなみに先ほど、出版社がレイアウトする前の『著者最終版』の論文が機関リポジトリに登録される……という言い方をされていましたが、その著作権も出版社側にあるってことですか？」

「そうですね。ジャーナルに掲載するためにレイアウトを組む前の最終版の論文も、レイアウト後のＰＤＦ形式のデータも、どちらも出版社に著作権があります。ただ多くの出版社は、機関リポジトリへ掲載したいとの連絡が著者やその大学図書館から来た際、レイアウト前の最終版の論文は機関リポジトリに登録可能とし、ジャーナルに掲載されたレイアウト後のＰＤＦそのものの登録は不可としています」

少しずつ疑問が解消されていく感覚に、智美の心ははずむ。メモをするタイピングの手つきも滑らかだ。梶野さんはさらに続ける。

「そういった事情もあってか、機関リポジトリで公開されている論文はシンプルなデザインのものが多いですね」

「ただこういった事情を知っておけば、費用面などでジャーナルから購入しづらい研究者や学生さんも、同じ内容のものを機関リポジトリで見つけられるかもしれない。鈴木さんや小林さんも、今後のレファレンスにお役立ていただければと思います」

「本当ですね……！　そういう使い方ができるなんて、全然知らなかったです。ありがとうございます」

智美は裏技を知ったような気がして、「ジャーナルになければ機関

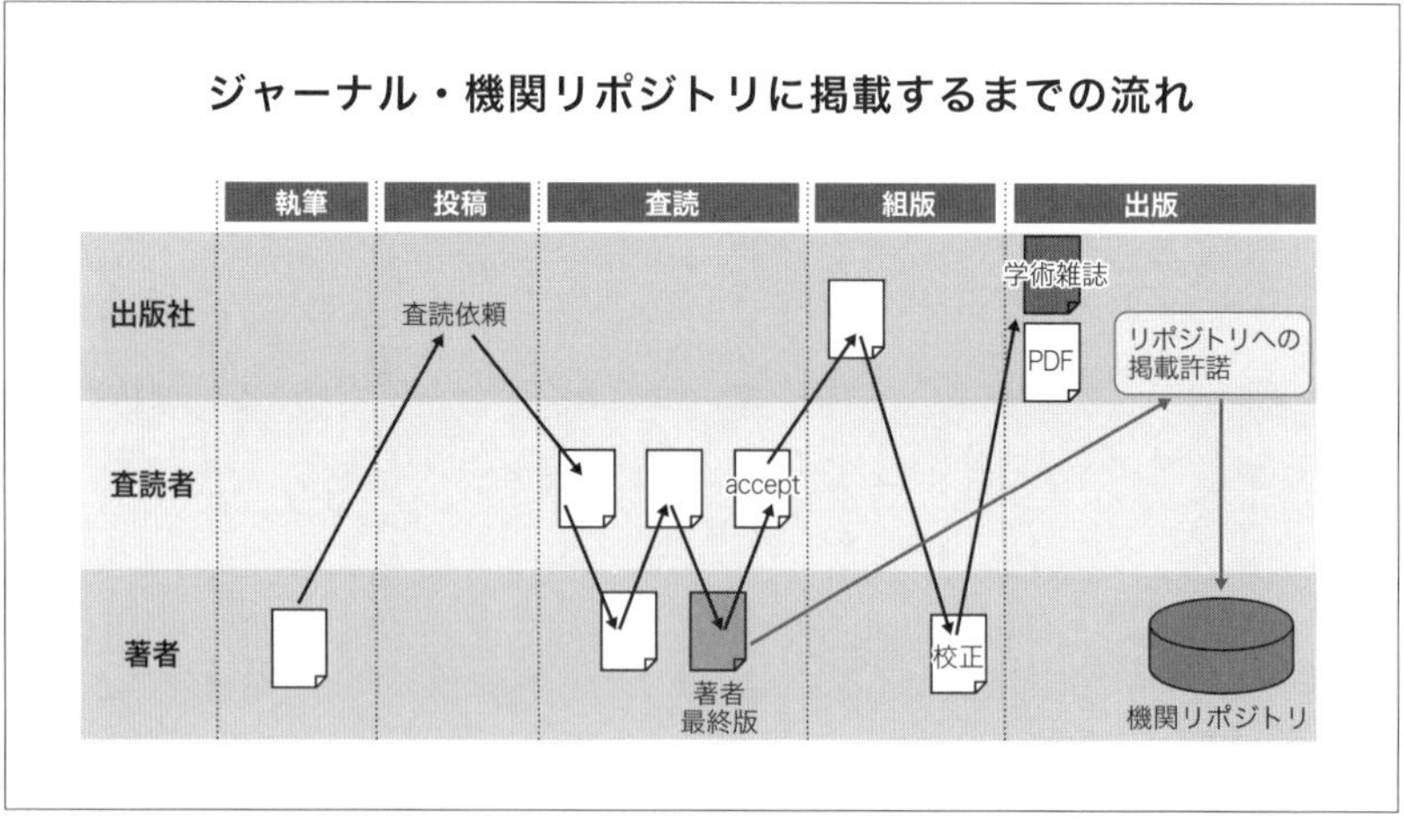

リポジトリを探す』と書いた箇所を、Ｗｏｒｄ機能の黄色いマーカーで強調した。智美の手が止まり、メモが書き終わったことを確認すると、梶野さんは資料をめくり次の話題へと移った。

「続きまして……『研究データ管理』についてご説明します。近年、オープンアクセスの考え方を、研究データまで含むものへと拡大した、『オープンサイエンス』という言葉が広く使われるようになってきました。論文がオープンアクセスとなったことで、その根拠である研究データも公開する動きができてきたんですね」

「そういう経緯があったんですね」と智美がうなずく。

「また、企業や産業団体などの産業界においても『オープンイノベーション』という言葉が定着するなど、科学技術の国際化・オープン化も加速していますよね」

智美は（いろんな分野でオープン化が進んでいるんだ……）と考えながら、梶野さんの話に聞き入っている。

「そしてオープンサイエンスの一環で、先ほど出した『研究データ管理』という概念が浸透し始めています。これはある研究プロジェクトで使用または生成された情報をどのように整理、構造化、保存、ケアするかを表した用語です。ＲＤＭ（Research Data Management）とも呼ばれていますね」

智美は即座にペンを走らせる。

「今やあらゆるデジタルデータがインターネットで即座に世界中で共有できるようになり、オープン化・グローバル化が盛んになっていますからね。その中で、研究機関にとっては大きな『資産』である研究データをどのように組織的に管理するか、そのあり方が問われるようになってきているんです。そこで、今話題になっているのが〝研究インテ

リスク軽減の観点から確保が求められる研究インテグリティ

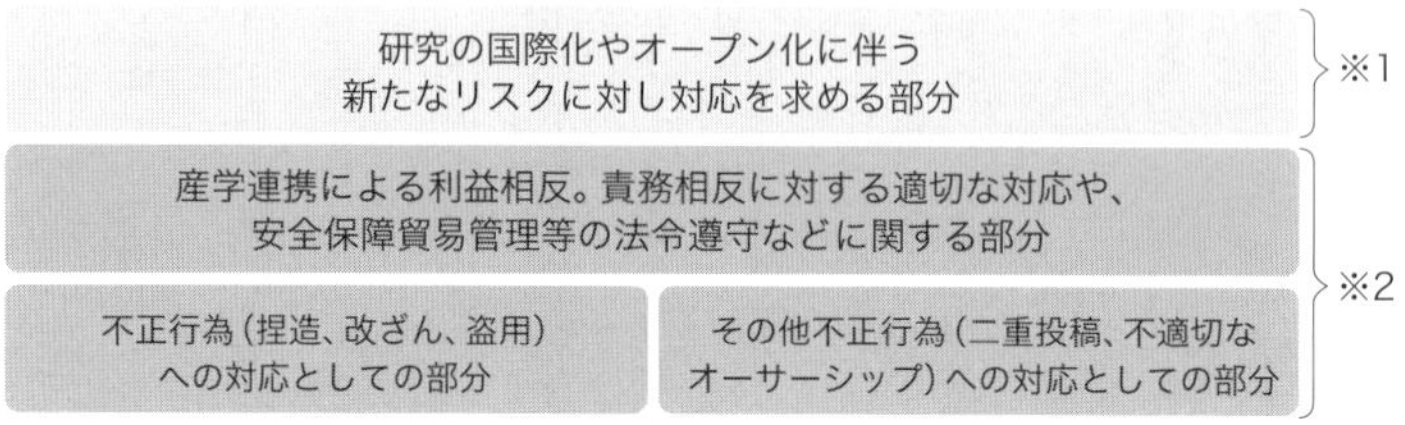

※1：新たに求められる部分（研究活動の透明性を確保し、説明責任を果たすといった研究者や研究組織としての「規範」）

※2：従来、明示的に対応を進めてきた部分

出典：文部科学省『研究インテグリティ』（https://www.mext.go.jp/a_menu/kagaku/integrity/index.html）

グリティ〟です」

由紀が「『インテグリティ』って……誠実、真摯といった意味ですよね」と返している間に、智美はさっそく「研究インテグリティ」を検索する。文部科学省のホームページで関連記事を発見し、梶野さんに画面を見せる。

梶野さんは「さっそく調べていただいてありがとうございます」とコメントすると、図を見ながら説明を続ける。

「研究インテグリティとはこの図に書いてあるとおり、オープンサイエンスで生まれた新たなリスクに対応しながら、研究者として確保しなければならない『研究の健全性や公平性』のことを指します。文部科学省のホームページには、そのための方針が示されているんですね」

画面に顔を近づけながら「それで『オープン化に伴う新たなリスク』というのが……？」とつぶやく智美に、梶野さんがすかさずフォローを入れる。

「たとえば外国政府や機関から多額の研究費をもらう代わりに重要

な技術が流出してしまうなど、個々の研究活動がグローバル化すると、研究者が意図しなくてもさまざまなリスクに直面する恐れがあります。研究インテグリティとは、そのような時代の流れにおいて研究活動の透明性を保つための、いわば行動規範を示したものと言えます」

二人の疑問を一つひとつ解いていく梶野さんの丁寧な説明のおかげで、二人は小さく納得の感嘆を漏らしながら聞き入っている。

「この『研究活動の国際化、オープン化に伴う新たなリスクに対する研究インテグリティの確保に係る対応方針について』という資料の中に、〝我が国の科学技術・イノベーション創出の振興のためには、オープンサイエンスを大原則とし、多様なパートナーとの国際共同研究を今後とも強力に推進していく必要がある〟と言及されていますよね」

梶野さんに促されるように画面を見ると、智美はハッとする。

「あの、梶野さん。その下の『今後取り組むべき事項』のところには『研究活動の透明性を確保して、説明責任を果たしていく重要性』……とも言及されていますね。こないだ二人で予習していて『研究データ』がキーワードだとは思ったんですけど、そもそもの定義というか、これが何を指すのかがわからないので、教えていただきたいです」

研究データ管理の重要性とは?

「お、研究データについて予習されたんですね。研究データとは、研究の過程、もしくは研究の結果として収集または生成される情報のことです。たとえば測定値や図表をまとめた電子ファイル、プログラムによる計算結果などの電子データから、実験ノートに手書きで記録した紙媒体、実験で作製したサンプル、インタビュー調査の音声記録などさまざまなものを指すんですよ」

「そんなにいろんな種類があるんですね」

「分野によって研究方法も千差万別なので、結果として研究データにもさまざまな種類や形式があるんですね。ちなみにこれらの研究データは、仮説の検証をするとき、結論を導き出す際や、研究成果の正しさを検証する際など、いろんな局面で使用されています」

智美は梶野さんの補足説明で、ようやく研究データのイメージが掴めた。由紀は隣で、かじりつくように資料を見ている。

「一連の研究活動を『研究データのサイクル』という視点で見ると、データの生成から始まり、加工、分析、保存、公開、再利用、そしてまた次の研究活動による生成……というプロセスを繰り返していることになります」

「すみません……。『公開』とは、学術雑誌やリポジトリなどへの公開を指すと思うのですが、再利用とはどういうことでしょうか？」

「その研究データをもとに、他の研究者が新しい研究を行ったり、新たな知見を得たりすることですね」

智美は理解したようで、明るい表情で「ありがとうございます」と返す。

「そして、先ほど話した研究データのサイクルの各段階で、適切に研究データを取り扱うこと、つまりＲＤＭが必要になるんですね。ここに関してはＮＩＩ（国立情報学研究所）の『オープンサイエンス時代の研究データ管理』のホームページで、研究データを管理する方法について動画で学ぶことができますよ」

「あ……これのことですね」

智美はさっそく調べた画面を梶野さんに見せながら、由紀と興味深く眺める。

「段階に応じて細かく紹介されているので、とても勉強になりますよ。もしよければ、お二人も後でゆっくりご覧になってみてください」

智美は、立新大学の先生たちをサポートしたい一心で「はい、ぜひ見ます！」と意気込んだ。由紀も「勉強します」と宣言する。

「それで、研究データ管理……ＲＤＭの対象は、究極的にはあらゆる研究データなのですが、その管理を完全に統一することは現実的ではありません。データにはさまざまな形態がありますからね」

「インタビュー音声とかも研究データに入るということですし、たしかに形態によって柔軟な対応が求められそうな気がします……」

「そうなんです。だからオープンサイエンスに対応したＲＤＭを行う体制は、まだ発展途上なんですね。現状、具体的なやり方として、公開した学術論文などで使われている図表の元データは、最低限リポジトリなどにアーカイブ・公開しましょう、とされています。また、文部科学省や日本学術振興会といった公的機関から配分された『公的研究費』の支援を受けて創出されたデータについては、何を公開するか、非公開にするか、どこに保存するか……といった部分まで計画し、実行することが求められています」

データの性質や、背景の事情を踏まえたRDMについて少しも漏らすまいと、智美も由紀も必死になってメモを取っている。それを急かすわけでもなく、梶野さんはアイスコーヒーを飲み、ひと呼吸おいて再び口を開く。

「ちなみに、この『オープンサイエンス』という単語が世の中に知れ渡るきっかけの一つを作った書籍があるのですが、ご存知でしょうか。マイケル・ニールセンというアメリカの理論物理学者が書いた本で『オープンサイエンス革命』（紀伊國屋書店）というタイトルなのですが……」

智美と由紀は、顔を見合わせる。すっきりしない表情を察し、梶野さんはにこやかな顔で続ける。

「ああ、知らなくてもちろん大丈夫ですよ。『オープンサイエンス』の歴史として一応お伝えしたかっただけですから。実はニールセン自身、量子コンピュータ研究で実績を上げた学者なんですよ。物理学者のアイザック・チュアンとの共著『量子コンピュータと量子通信1 量子力学とコンピュータ科学』（オーム社）という本は、物理学書の中でも非常に被引用度が高い本として知られています」

『オープンサイエンス革命』マイケル・ニールセン著　高橋洋翻訳　紀伊國屋書店

智美は、さっそくパソコンで書籍を調べる。

「梶野さんから、被引用度が評価対象になると何度も伺っていますが、物理学書の中でもとりわけ被引用度が高いと

RDMの方針やガイドラインの理解に役立つ資料

● **経済産業省『委託研究開発におけるデータマネジメントに関する運用ガイドライン』**
→研究開発データのマネジメントを行う際に考慮すべきこと、大事な考え方や具体的な業務フローを掲載している

● **国立研究開発法人・日本医療研究開発機構（AMED）『AMEDにおける研究開発データの取扱いに関する基本方針、AMED研究データ利活用に係るガイドライン、データマネジメントプラン』**
→医療研究開発の推進を目的に、研究開発で生み出された「研究データ」の利活用を進めるための指針等が掲載されている

● **NII（国立情報学研究所）『NII研究データ基盤システムの概要』**
→オープンサイエンスと研究公正を支えるための情報基盤の機能などが詳しく記載されている

いうことは、本当に権威のある方なんですね」

「まさにそのとおりですね。お仕事の合間に、彼の著書や被引用度など、いろいろ見てみると面白いと思いますよ」

智美のメモに「後で確認する」コンテンツの箇条書きが、どんどん追加されていく。さらに梶野さんは、他の情報もいくつか共有してくれた。

「RDMに関連する各省庁や資金配分機関の方針やガイドラインなども、いくつかお伝えしておきますね。私としては、三つの資料・サイトが参考になるのではないかなと思っているので……今日お渡しした紙に書いておきました。こちらも後で見てみてください」

梶野さんが持ってきてくださった紙資料を見返すと、たしかに参考メディアがまとめられていた。智美は「ご丁寧にありがとうございます」と一礼すると、一緒に紙資料に目を通していた由紀が横から、「あの……梶野さん」とまた挙手しながら質問をする。

「研究データ管理が今かなり熱い話題だとおっしゃっていましたが、それは何か背景があるのでしょうか？」

「そうですね。この話は国内外でも話題になっていて、これは私自身の仕事にもかかわってくることなのですが、あと数年以内に、各大学が研究データのポリシーを作らなければいけないという話が、国から正式にあったためです。研究データポリシーの策定が必須業務になるので、当大学でもまさに取り組んでいるところなんですよ」

「研究データ、のポリシーですか……？」

由紀と智美が理解しかねている表情を見せると、梶野さんが補足してくれる。

「平たく言うと、研究データポリシーとは、研究データの管理・活用についての、組織としての方針のこと……ですね」

智美がパソコンで「ポリシーとは」と検索すると、「戦略、方針、規定」との言葉が書かれていた。

「内閣府が『国立研究開発法人におけるデータポリシー策定のためのガイドライン』でポリシー策定の目的を示しているので読み上げますね。〝ポリシーの策定は、国研が公的資金を活用して実施した研究における成果のうちの研究データを適切に保存・管理し、また、広く利活用を促進することで、科学技術の発展はもとより、産業、さらには文化の振興を目指して取り組むものである〟、〝この取組は、研究データの作成者やそれを管理・公開等行う研究機関が、広く社会において認知され、評価される手段を与えると共に、研究活動を支援するものである〟とありますが、どうでしょう。なんとなく理解できましたか？」

「ちょっと……心の中でもう一回読み直してみます」

智美と由紀が文言を咀嚼するために、30秒ほどの沈黙が流れる。梶野さんは、パラパラと資料をめくり、この後の

説明を確認している。すると智美は小さな声で

「データをしっかり管理しておくと、そのデータを活用して新しい研究をする人にとっても親切になるし、その循環がたくさん起きるようにすることで科学技術の発展につながる。産業とか文化の振興を目指して取り組むものでもある……」

とつぶやく。さらに、

「ポリシーを策定すると、研究データを作った人やそれを管理・公開する研究機関が『ちゃんとデータを取り扱ってるね』って周りから思ってもらえる……」

と加えると、すこし間をおいて、梶野さんが補足をする。

「その解釈でいいと思いますよ。データポリシーを策定して、適切に公開・管理した研究データは、公平性や健全性が高いと判断される。その影響で研究者や研究機関の評判が向上し、研究への支援が受けやすくなったり、資金調達などが行いやすくなったりする側面もあります」

ようやく理解できたようで、二人の表情も晴れやかになる。

「そしてこの研究データポリシーは図書館とも決して無関係ではないので、今後どのようにかかわっていくかを触れたいと思います」

智美と由紀は改めて姿勢を正し、梶野さんを見つめる。

「まず海外の大学では、研究データ管理に向けた環境整備や、研究者が適切に研究データを管理できるようサポート

する『研究データ管理支援』は、図書館と連携する業務とされています。また、研究データ自体も論文や書籍などと同様にリポジトリ登録・公開される可能性があることから、将来的には『研究データのレファレンス・サービス』のような専門業務が生まれてくる可能性もあります」

レファレンスの新たな可能性を知り、智美は目を丸くする。

「先ほどの話と重複しますが、さらに最近、このような動きを受けて、大学などの研究機関において、研究データに関するポリシーの策定が求められるようになってきています。ポリシー策定には、情報関係の部署、研究協力関係の部署、URA、現場の教員など、さまざまなステークホルダーと横断的にかかわっていく必要があります」

「……そっか。いろんな専門家と協力しないといけませんよね」

「そうです。日本では京都大学、名古屋大学が先行してデータポリシーを策定しているので、後でぜひ見てみてください」

智美は、レファレンス・サービスの多様性とやりがいを強く認識した。それと同時に、大学図書館ならではの、扱う資料の特殊性を再確認する。(覚えることが膨大だな……)と心の中で嘆きつつ、智美は梶野さんに率直な意見を投げかける。

「すごい話を、今日は聞いた気がします……あ、気がします、というより聞けました！もちろん今日だけではなく前回もですが。もともと、梶野さんに講演会でお声がけをした際には、『URA』と図書館司書との共通点を伺い、電子ジャーナルのレファレンスなど、大学の教員に向けた一歩進んだサービスがしたいという、まだまだ漠然とした気持ちでしたし……」

遠慮しながらも、智美の言葉はますます熱を帯びてくる。

「当初、恥ずかしながらちょっと難しい資料のレファレンスができたことで有頂天にもなっていました。でも、まだまだ本当に入り口に片足を突っ込んだくらいのことしかできていなかったんだなと……。裏を返せば、これからの勉強次第でどんどん業務のフィールドも広げられるんだとも気づかされました」

智美は、現実を受け入れながらも、希望に満ちた表情を浮かべている。

「そういう前向きな姿勢が、鈴木さんの原動力なんですね。実際こんな風に話を聞きに来てくださって勉強熱心だなと思うし、電子ジャーナルって何？て感じだった鈴木さんが、自信を持ってレファレンスをされた話を聞いて、僕は嬉しくなりましたよ」

肩をすぼめ、恐縮する智美を見て、由紀は微笑んでいる。

「前回のお話をまとめると、URAと図書館司書との接点から見て、『レファレンス・サービス』、『書誌情報、引用文献データベース』『オープンアクセスと機関リポジトリ』『研究データ管理と機関リポジトリ』……というテーマあたりが、今後鈴木さんや小林さんが目指している大学の先生に向けたサービス向上といった観点で重要になってくるポイントかなと思います。大学で日々行われる学術研究と、大学図書館司書の業務は、今後ますます密接にかかわってくるでしょうからね」

智美は、梶野さんから今教えてもらった四つのポイントを頭の中で復唱する。

「本当に、たくさんの学びを提供いただいて、ありがとうございます。今回や前回梶野さんから伺ったＵＲＡの話は、職場の学術情報課のみんなに共有して、大学図書館のサービスの高みを目指して頑張りたいと思います。それで……もしご迷惑でなければ、また進捗とか動きがあれば連絡させていただけるとありがたいです」

智美は〝師匠〟である梶野さんに、何か成果を報告したい、今後もコミュニケーションを取っていきたいと強く思っている。

「はい。ぜひ、何かあれば教えてもらえるとこちらも嬉しいです」

智美も由紀も、追加で注がれた水を飲み干した。ちょうど話の区切りもつき、智美がお店の壁掛け時計をちらっと見ると、十六時半を少し過ぎたところだった。

「あ、また時間オーバーしちゃいました……すみません、今から茨城に戻られるというのに、お引き止めしてしまいまして……」

智美が手を合わせると、梶野さんは気にする様子もなく朗らかに笑う。

「いえいえ、大丈夫ですよ。上野から特急に乗ってしまえば本当に一時間ちょっとですし」

梶野さんとカフェを出ると、駅へと一緒に向かう。改札を通り、梶野さんは常磐線、智美と由紀は山手線なので、エスカレーターを上がったところで分かれる。

「それでは、お気をつけてお帰りください。本日は本当にありがとうございました」

智美と由紀は深々と頭を下げ、梶野さんが常磐線のエスカレーターを上がって見えなくなるまで見送った。早めのお昼を取ったためか空腹を感じる。

「あんバターワッフル、持ち帰りで買えばよかったな……」

智美がそう嘆くと、由紀も「ですね〜、すっごくおいしそうでしたよね」と同調している。

「課のみんなに報告する作戦会議しよう」と話しながら、二人で内回りの山手線に乗車した。

学術情報課のメンバーへの共有

梶野さんから二回目レクチャーを受けてから三日後。今日は学術情報課の、月に一回の会議がある。会議では、神崎部長からの、館長との会議での決定事項などの報告を受けたり、最近の図書館運営での困りごとについて議論したりしている。時には目標設定や、共有事項なども報告し合う、有意義な時間だ。

今回は神崎部長から「鈴木さんと小林さんがすごい情報を茨城大学の梶野さんから学んできたから、皆学ぶようにと事前に課のメンバー全員に共有されていたので、智美は朝から気合いが入っている。

「あ、由紀ちゃんおはよう」

「おはようございます。……いよいよですね」

「うん。今ちょうど資料見直していたところ。さて、今日も一日頑張ろう〜」

午前中は貸出や返却対応で、あっという間に時間が過ぎた。会議は十三時半からだが、会議室の準備をするために由紀と早めのお昼を済ませる。二人で会議室へと向かうと、まだ他の人は来ていないようで安心する。

「智美さん、神崎部長、今回の話すごく期待している感じでしたね」

「え～本当に？」

「これまでは、正木さんと館長と三人で電子ジャーナル関係の対応をしていたみたいだから『これからは課を挙げて充実させられそうだ』ってかなり喜んでいましたよ。理工学部の石橋教授の『廃棄物成分』に関するレファレンスで成功して以来、結構、智美さんに難易度の高いレファレンスも回ってくるようになっていますしね」

「ありがたいよね。とはいっても、私も日々手探りだよ。梶野さんの資料を見直したり、自分なりに調べたりはしているけど、もっともっと頑張らなきゃ！って感じ」

梶野さんからのレクチャーの後、智美は電子ジャーナルでの研究戦略の勉強を始めた。梶野さんに教えてもらったように、自大学の研究分析のために電子ジャーナルの被引用度を調べるようにもなり、その分野に合うような電子ジャーナルの契約を神崎部長に提案したこともあった。(たしかに電子ジャーナルの提案したとき、神崎部長すっごく感激していたなぁ）と思い返しながら、智美は会議室の窓を開け、換気する。

「智美さん、今もまた何か勉強してますよね？」

「そうそう。自然科学の分野を中心に、レファレンス資料の知識増やしたいなって思ってるんだ。私、文系だったし……あんまり詳しくないジャンルだから、いろいろ知られて面白いよ」

「智美さんって行動力ありますよね。そういう話聞くと、私も遅れを取らないように……利用者へのサービスを充実させるために頑張らなきゃなってなります」

由紀は両手で小さく拳を作り、自分を奮い立たせている。最近、立新大学図書館ではこれまで扱っていた紙形式の「パス・ファインダー」のテーマをさらに増やし、積極的に作成している。それが、レポートや卒論のテーマ探しのヒントになっているようで、学生からの反響も以前より増えている。

二人がゆっくり席をセッティングしていると、メンバーがぞろぞろと入ってきた。神崎部長と、課長の正木さん、由紀と智美、同僚の派遣の女性が一人だ。

「それでは、時間になったから始めようか」

部長の一声で全員の姿勢が伸びた気がする。「よろしくお願いします」と唱和すると、月例会議が始まった。神崎部長からは一昨日の館長会議の内容が報告される。自動貸出機が一階に設置されることや、自館にない文献を他の図書館から借りる相互協力についてのマニュアル更新、また十月と十一月に予定している大学図書館主催のイベントなどについての共有事項が発表された。

「じゃあ共有は以上で大丈夫かな。問題なければ質問・報告に移りますか」

神崎部長があたりを見渡しながらそう呼びかける。月例会議の後半にはいつも、各自前回の会議後から今日に至るまでの図書館業務についての質問や報告などを行っている。順番に発表し、智美の手前の由紀の番がまわってくる。

「新しく作っているパス・ファインダーですが、ＳＤＧｓの反響がとてもよかったです。試しにＳＤＧｓの十七ある目標の中からさらに掘り下げて、目標ごとにテーマを細かくしたものを作ったんですが、それをもとに貸出へとつながった例がいくつかありました」

由紀の新たな試みとその結果に、全員が一斉に顔を上げる。

「どの学部の学生からも反響はいただいているのですが、特に理工学部と経営学部の学生さんが多いみたいです。今後も新しい情報をキャッチするようにします」

由紀がそう締めくくると、「おぉ」と感心する声が聞こえてくる。

「ありがとう。SDGsは比較的新しいテーマだから、調べるのに困っていた学生も多かっただろうね。引き続きお願いします。じゃあ、次は鈴木さん。鈴木さんと、あと小林さんもサポートに入ってくれているけど、七月から九月でたくさん情報を吸収してくれたみたいだね。私も時々報告は聞いていたけど、今日の話を楽しみにしていたんだよ」

神崎部長の好奇心をありがたいと思いながら、智美の手のひらはどんどん湿ってくる。心を決めて、顔を上げると口を開く。

「ありがとうございます。それでは簡単な報告にはなってしまいますが……今回私と小林さんは茨城大学のURAでいらっしゃる梶野顕明先生から『RA』という業務についてお話を伺ってきました。最初は、梶野さんの講演会でお話を聞いて、その後二回に分けて梶野さんご本人から直接レクチャーを受けまして……」

神崎部長は、当時「梶野さんに、直接レクチャーを申し込んだ」と報告を受けたときの智美とのやり取りを思い出しながら、にこやかな表情を浮かべている。

「実は当時、学生のレファレンスや文献検索はある程度こなせるようになってきたのですが、大学の先生たちに向けてのサービスという観点で、もっと力を入れていきたいとも思っていました。ちょうど課長と理工学部の教授の方が電子ジャーナルについてお話されているという話を聞きまして」

神崎部長が「川下教授と話していたことに興味を持ってくれたんだよね」と、フォローしてくれる。

「はい。そのときちょうど、国立大学の大学図書館で司書をしている知人から、それならぴったりの動画があるよと教えてもらいまして、その動画に出ていたのが、茨城大学でURAとして活躍されている梶野さんでした。見てみるとURAと司書に共通点があるということを知ったんです。……ちなみにその動画は、レファレンス索引の会社・DBジャパンさんっていうところで制作している『司書トレ』というものなんですが……気になる方はぜひ調べてみてください」

課長の正木さんは、持ってきたパソコンをタイピングし始める。どうやら司書トレをさっそく調べているようだった。

「それでいろいろ調べたら、ちょうど梶野さんの講演会が新宿で開かれるとわかり、小林さんと行くことになったんです」

智美がそうやって視線を向けると、由紀は静かに一礼をした。

「そこでの話にさらに興味を持って、講演会の終わりに梶野さんに、個人レクチャーをお願いしまして……」

「すごいよね。自分で話をつけてきたんだよね」

神崎部長のコメントに智美は「いえ……でも本当に梶野さんが丁寧に対応してくださって、ありがたかったです」

URAの業務

●主な業務内容

研究戦略推進支援	政策情報分析、研究力分析など
プレアワード	研究プロジェクト企画、外部資金獲得支援など
ポストアワード	プロジェクト進捗管理、評価対応など
関連専門業務	国際連携支援、知的財産、研究広報など

と恐縮する。

智美はそこまでを話すと、梶野さんの全二回のレクチャー会で聞いたように、まずは「URA」という職種の役割、URAに関する環境が整備された背景や具体的な業務内容について説明した。神崎部長や正木課長はもともとURAという職種自体は知っていたようだが、実際にURAの業務について具体的な紹介をすると、正木さんが驚いた表情で声を漏らす。

「うわ、かなり業務の幅が広いね。職業自体は知っていたけど、こんなに業務の分野が多岐にわたるとは思っていなかったな……研究支援にまつわる仕事がこんなにあるってことなんだね」

正木さんに同調するかのように、周りの人たちも一斉にうなずいている。

「そうなんです。大学によっても異なりますし、一人の人が全部の業務をやるというわけではないですが、外部資金の獲得であったり、研究プロジェクト戦略だったり、知財だったり、広報だったり本当にたくさんの仕事があります」

由紀は、踏み込んだ質問が来てもいいように、梶野さんのレクチャー会のときに取った自分のメモを開いている。智美は説明を続ける。

「それで、URAと図書館司書の接点としては、研究支援の一環でもあるレファレンス・サービスがあります。URAは先ほどお話した外部資金を獲得するために、研究テーマ立案の際にあらかじめ研究資料を調査するなど、まさに司書のレファレンスと同じように、学術文献を検索する機会が多いそうです。さらに、研究力の分析という観点からも、司書も研究活動における文献を調査し、提供することが多いですが、URAでも、たとえば論文データベースを用いて、自分の大学が発表している論文がどれくらい注目を集めているのかなど被引用度を調べるなどして研究に役立てているそうです」

神崎部長が智美の話を聞いて深くうなずいている。

「今鈴木さんが言った『研究活動における文献を調査』する工程では、各学部の教授の方から、電子ジャーナル関係のことを聞かれることもよくあるね。うちの大学にはURAがいないから、直接僕とか正木君に問い合わせが来るケースは多いよ。『何とかって学会のジャーナルは契約していないのか？』とか、『こういった分野の論文は電子ジャーナルで探せないのか？』とかね」

正木課長も「たしかに時々そういう相談ありますね」と返す。みんなが、神崎部長の次の発言に注目している。

「私たちは自大学の論文の被引用度を調べて、研究戦略を提案するとかまではできていないけど、先生たちが求めている電子ジャーナルをはじめ、情報を提供できる機会が増えることでかなり研究支援に貢献できるんじゃないかなと思っているんだよね。それで今回鈴木さんが電子ジャーナルについて学ぼうとしてくれて、正直とても助かっているよ。それに、教員でなくても、学生からも相談を受けることは増えると思うからね」

由紀がにこにこして、智美のほうを見ている。神崎部長にそう言ってもらえて、智美はようやく緊張がほぐれ、肩の力が抜けてきた。

「神崎部長、ありがとうございます。それでは続きまして、梶野さんから聞いた後半のレクチャー会の内容に移ります。『論文を書く』といった観点から、オープンアクセス、機関リポジトリについて話していただきました」

智美は、学術研究成果をインターネット上に公開し、誰でも閲覧できるようにする〝オープンアクセス〟について報告する。さらに論文を執筆した本人が自分自身でアーカイブして閲覧可能にする〝グリーンオープンアクセス〟と、出版社などが運営するサイトに論文を投稿することで閲覧可能にする〝ゴールドオープンアクセス〟のことも説明する。

「グリーンオープンアクセスのほうが増えてきているんだね」と神崎部長がぽつりと言うと、智美がすぐに反応する。

「そうなんです。自分でアーカイブしなければいけなかったり、著作権の観点で、出版社に公開の許諾を取らなければいけなかったりなど、デメリットはあるのですが……。やはり研究結果が多くの人に見られることで、自身の評価につながる機会が増えるという点で、グリーンオープンアクセスを選ぶ著者が増えているみたいですよ」

「インターネット上で公開される論文数は絶対的に増えるから、レファレンスという観点でも紹介できる資料の幅は広がるよね。ただ、その文献をいかに見つけるかという検索スキルも必要になってきそうだね」

正木さんがそうため息混じりにつぶやいた。

「はい、正木さんのおっしゃるとおりの相応のスキルが必要だなって思います……」

オープンアクセスの現状と、レファレンスにおける今後の可能性を全員が強く認識した。

「続いて、機関リポジトリについてです。オープンアクセスの理念である、〝学術研究成果をインターネット上に公開し、誰でも閲覧できるようにする〟という部分は同じでして、その手段として、機関リポジトリがあります。こちらは大学や機関ごとにデータの形で収集・保管している学術情報資源管理システムですね。うちの大学にも、立新大学で生産された論文を公開しているリポジトリはあるので、私が今更説明するまでもないかもしれませんが……」

智美が言い淀むとまた神崎部長がすかさず助け舟を出す。

「機関リポジトリは、その大学の学生や教員だけではなくて、学外の人も閲覧できるし、レファレンスの観点でも、頭に入れておかなければいけないね」

由紀は、神崎部長の発言に賛成するかのように、ゆっくりと深くうなずく。

「そして最後に、『研究データ管理』についてです。今、オープンアクセスの考え方を研究データにも展開させた『オープンサイエンス』という概念がありまして、梶野さんが今とても熱い話題だとおっしゃっていました。その研究データを管理する、『研究データ管理』、英語のResearch Data Managementの頭文字をとってＲＤＭって呼ばれているんですけど、そのＲＤＭがとても注目されているそうなんです」

神崎部長も興味深そうに耳を傾けている。

「あ、ちなみに梶野さんが紹介してくれたんですが、そのオープンサイエンスの考え方を最初に提唱したマイケル・ニールセンの著書がうちの図書館の蔵書にあったので持ってきました。『オープンサイエンス革命』という本ですが、ざっくり言うと、研究結果をオープンにして共有することで、効率よく研究を発展させることができるのではということが書かれています」

智美が、『オープンサイエンス革命』の書籍を出すと、他の五人からどよめきが起きる。

「鈴木さん、すごくよく勉強しているね。研究データって具体的にどういうものなのかな？　研究の途中段階の何か数値ってことかな？」

と、正木さんは素朴な疑問を投げかけてくる。

「はい、おっしゃるとおりです。研究の結果もありますが、研究の過程で収集または生成される情報までを含みます。文書ファイルであったり、アンケートや写真、統計的なデータファイル、音声テープ、アプリケーションソフト、標本やアルゴリズムなど……その内容や形態も本当にバラバラです」

「研究データってかなり幅広いからね……鈴木さん、本当によく調べたね」

そう神崎部長が感嘆すると、智美が手を振って否定する。

「いえいえ、本当に私は、梶野さんの受け売りなので……。それで、梶野さんがおっしゃるには、『研究データ自体』も、将来的に機関リポジトリで公開される可能性もあるみたいです。おそらく今後は論文検索だけではなく、この研究データをレファレンス対応するような専門業務も生まれるかもしれない、と予見されていました」

神崎部長は、智美の発言を聞いて、「なるほど。かなり大変だとは思うけど、それこそ大学教員へのワンステップ上のサービスにつながるだろうね」と腕組みをしながらつぶやく。

「私が今回、梶野さんから伺った話はここまでです。まずは、今まさに勉強中ですが、電子ジャーナルのレファレンスをもっと幅広くできるようになりたいと思っています。そして、今回の話を今後の業務に生かしていきたいと思います」

みんなに注目されて、智美が何となく今後の抱負を宣言すると、全員から拍手が巻き起こる。まるで智美の講演会のようだった。

「うん、鈴木さん、そして小林さんも今回は本当にお疲れさまです。鈴木さんの話にもあったように、今後どんどんウチの大学の資料も、紙の雑誌よりも電子ジャーナルに比重が置かれていくだろうから、職員それぞれが知識を持っておくことが必要になるね」

全員の目を順番に見ながら、神崎部長がそう呼びかける。

「そして、研究力の強化っていう部分で、図書館としても研究支援を念頭にしたレファレンス・サービスも求められる。さらに踏み込むと研究データの管理とかも我々がもっとかかわっていく場面が出てくると思う。通常業務もありながらだから大変だろうけど、今回の鈴木さんの報告を受けて、それぞれができることを課の課題として今後考えていきたいと思うから、みんなよろしくお願いしますね」

神崎部長が学術情報課としての今後の展望を語ると、みんなが一斉にうなずきながら「はい」と返答する。

ちょうど会議終了の十五時となったので、「じゃあ今日は解散。お疲れさまです」と締めくくられた。全員がバラバラと会議室から出ていく。

「智美さん、良かったですね。何か課の使命というか、今後の方向性みたいなのを全員で共有できて、今日の会議はいつもと全然違いました」

智美はみんなに配った資料の残りを片付けながら由紀を見る。

「本当に梶野さんのおかげだよ。梶野さんがわかりやすく教えてくれるから、こっちも勉強に熱を入れられたというか」

「本当に梶野さんには感謝ですけど、やっぱり智美さんもすごいです。私はまだわかっていないところが多いですけど、この数カ月で成長したというか……いろんな世界が見えてきたような気がします！」

由紀がそう返すと、お互い笑い合う。報告が無事に終わり、智美は大きな達成感に包まれている。

「それはそうと智美さん。会議の冒頭にもありましたけど、十月、十一月はイベントが目白押しだから頑張らなきゃ、ですね。十月のブックカフェ＆ワークショップと、十一月の土曜アカデミーの担当は私たちですから、準備を急がないとですよ……！」

立新大学図書館は「読書の秋」でもある十月、十一月はイベントに力を入れている。イベントの内容については前々から話は出ていて、企画の大枠もできているのだが日々の業務に忙殺されて、細かい調整がまだできていない。

「本当だ、あと一カ月半しかないね。たくさん来てもらえるように協力しようね」

二人は励まし合いながら、軽い足取りで事務室へと戻った。

エピローグ

季節は秋。九月は真夏日が続いたこともありほとんど半袖で過ごしたが、十月になり、薄手の上着くらいは必要になってきた。大学は九月の中頃で夏休みを終え、ようやく通常の授業のサイクルが学生たちにも戻ってきたようだった。

十月開催のイベントが先週終わって智美と由紀はつかの間、イベント準備の慌ただしさから解放された。十月のイベントは、毎年恒例のブックカフェ&ワークショップを開いている。図書館に隣接しているカフェと図書館がコラボして、図書館司書が教える「レポート・卒論の文献調査テクニック」というワークショップを開き、図書館横のオープンスペースでカフェの商品を楽しみながら話を聞いてもらうような催しをしている。この期間限定の飲み物やスイーツも提供していて、学生から好評を博している。このワークショップは、一般公開もしているので、図書館職員はイレギュラー対応に四苦八苦しながらも、いつもよりも活気を見せている図書館運営を心なしか楽しんでいる。

十一月は〝土曜アカデミー〟という、学内の講師が先生となり、こちらも一般公開しているもので、地域の住民も自由に参加できる形式になっている。今回は、文学部の教授が子どもでもわかりやすい「歴史学について」の講座を開いてくれることになっている。

智美は、それもあってか文学部の教授との交流も増え、電子ジャーナルのことなどについて教員目線からの意見を聞く場も増え、レファレンスをする分野の幅も広がっている。今は、オープンアクセスの勉強や、自大学の機関リポジトリについてどのような論文があるのかなどを自主的に勉強している。

その日も十一月のイベントに向けての打ち合わせで、文学部の教授のゼミ室を訪れた帰り、図書館の事務室の横の会議室を通ろうとしたところで、「ちょっと鈴木さん今話していいかな？」と神崎部長から呼び止められる。

智美は、不思議そうな表情で「はい」と言って、会議室に入ると部長の前に着席する。

（会議室にわざわざ呼び出すということは、人に聞かれてはいけない話なのだろうか。普段なら、部長の席の横の応接スペースで終わるのに……）と智美は何かよからぬことを考える。

でもその割には、朗らかな雰囲気で、神妙な面持ちではない。

「最近、教員の方から『鈴木さんいますか？』て、名指しでレファレンスを受けるようになってきているよね。本当にすごいことだと思うよ。本当に鈴木さん大活躍だよね」

「はい……ありがとうございます」

智美はやたらに褒められて悪い気はしなかったが、部長が何か企んでいるのではないかと少し身構えた。

「それでね、前に、うちの大学も研究支援に力を入れていく話になっているってことは言ったよね？」

神崎部長が笑顔から一変、急に真面目な表情になる。

「……はい。その背景もあったので、梶野さんにお話を聞きにいったわけですし……」

「うん。それでね、電子ジャーナルのことを勉強してくれていてとても助かっているんだけど、実は鈴木さんが前に、会議の場で話していた『研究データ管理』の件で相談なんだ」

神崎部長が真剣な表情でこちらを見てくるので、智美も射抜かれたように部長を見つめる。昼下がりの会議室に静寂が流れる。

「その後、正木君と、オープンサイエンスの取り組みのことを話していて、海外の状況とかも調査したり、他大学の事例なども確認してから、館長にも相談したところ、まさにうちの大学でも取り組もうという流れになっていてね、それで、研究データポリシーを策定するための、部署を超えたタスクフォースのチームを組もうという話が学内で持ち上がっているんだ。それで、URAについて勉強を重ねていて知識があるし……単刀直入に言うと、鈴木さん、そのチームのコアメンバーに入ってくれないかな?」

神崎部長の口から出た思わぬ展開に、智美は慌てる。

「え、えっ? 私がですか?」

梶野さんがレクチャーの際におっしゃっていた、梶野さんにとっても重大任務である「研究データポリシー策定」のことが神崎部長の口から出てくるとは思わず、声が上ずった。嬉しい反面、とても責任重大だし、本当に自分でいいのだろうかという不安が胸いっぱいに広がる。(残業はあまりできないし、大学図書館司書になって二年目の新米だし、そもそも知識もないし……)などと思案していると、その智美の不安げな表情を読み取り、部長がすかさず補足する。

「あ、勤務時間内で終わる範囲で大丈夫だし、鈴木さん以外のメンバーは教員もいるけど、事務スタッフもいるし、研究データの玄人ばかりが集まるわけではないんだ。本当に部署の垣根を超えた中で意見交換をするイメージで、ちなみにメンバーには僕や館長もいるから安心して。図書館運営から見た研究データという観点で意見できることは多いと思うんだよね。ただ、新しいことを学ぶわけだから、それなりに勉強する時間が必要になっちゃうかもしれないけど……。あ、もちろん今すぐの返事じゃなくてもいいから。難しそうだったら無理しないでもいいし、でも鈴木さんがいてくれたら心強いなと思っているよ」

神崎部長がそうフォローしてくれると、急に自分でも何かしら力になれそうな気がしてきた。

「ありがとうございます！　ではよろしくお願いします！」

「え、もう少し考えなくて大丈夫？　ＯＫってことでいいのかな？」

智美が即答したので、部長は拍子抜けしたらしい。

「はい……特にお断りする理由がないので。新しいことにチャレンジさせてもらえて本当にありがたいと思っています！」

「わかった、ありがとう。じゃあ、〝研究データポリシー策定〟のタスクフォースのメンバー長に報告しておくね」

「はい。よろしくお願いします」

神崎部長は資料を机でトントンと揃えて、片付けを済ませると、軽い足取りで会議室を出ていった。それから定時までの一時間、智美はこれから起こることを考えると、そわそわとしていた。

智美、梶野さんに進捗報告をする

「それはすごいですね。まさに話していたことが現実になりましたね」

神崎部長から抜擢してもらった後、智美はすぐに梶野さんにメールをして、立新大学の研究データポリシー策定チーム「オープンサイエンスマネジメント部会」のメンバーに選ばれたことを報告したのだった。電話越しの梶野さんの声からも喜んでくれている様子が伝わってくる。

「はい。まだ始まって数日しか経っていないですけれど、改めて、うちの大学の理念について考えたり、論文を改めて分析する機会も得られて、このチームで学ぶことで、ますます論文のレファレンス力を磨けているという自負もあります。そもそも教授との接点が格段に増えたので、連携もしやすくなっている気もします。あとは、打ち合わせの流れで実際の研究室を見学させてもらえたり、このチームに入っていなければできなかった経験がたくさんできていて本当に充実しています」

「それはすごいですね。もともと鈴木さんが目指されていた、大学の先生に向けての、『一歩進んだ研究支援』の目標を、一歩どころか、二歩三歩進んでしまっていますよね」

「いえいえ……これもすべては梶野さんのご指導のおかげです！　でもなかなか、一筋縄ではいかなさそうですね。今は、研究データポリシー策定のために、学内で、どのような手順を踏めば良さそうかを協議しているところです。分野や研究者のほうによって研究データの在り方が全然違うので……問題は山積しています。あ、梶野さん。もしよければ、これからも情報共有などさせていただけると嬉しいです」

「そうですよね、ぜひこちらこそ。楽しみにしていますよ」

智美は笑みを浮かべながら梶野さんとの電話を切ると、斜め前の神崎部長と目が合ったので、真顔に戻す。

「お、梶野さんに報告をしていたの?」

「はい。今回の研究データポリシー策定チームの件、梶野さんにも喜んでいただきました」

「じゃあ、いい報告ができるように『オープンサイエンスマネジメント部会』、力入れていこうね」

「はい! では、カウンターに行ってきますね。今日も石橋教授からのレファレンスを受けていて、準備しておいた資料をお渡しする予定なので、対応してきます」

智美は晴れやかな気持ちで事務室を出ていく。こうして、立新大学図書館の、先生への研究支援サポートの取り組みは、着実に歩みを進めていった。

(Ｆｉｎ)

用語集

●RA（アールエー）：
Research Administrator（リサーチ・アドミニストレーター）の略称。大学や研究所、企業などの高等教育研究機関において、研究の運営や経営にかかわる支援などを担う管理者。

●引用文献データベース：
膨大な書誌情報に基づく論文をタイトルやキーワードによって検索できるだけでなく、その論文がどういう論文を引用しているか（引用文献）、その論文がどのくらい他の論文から引用されているか（被引用文献）がわかるデータベース索引。さまざまな機関が運営・提供しており、研究に必要な文献を効率的に探し出すことができる。

●APC（エーピーシー）：
Article Processing Charge（アーティクル・プロセッシング・チャージ）の略称。オープンアクセス雑誌で、査読を通過し掲載が決まった論文について、著者に請求される掲載費用。論文処理加工料、論文掲載料とも言う。

●エビデンス：

提案、主張などの確かさの証拠となるもの。

●OPAC（オーパック）：
Online Public Access Catalog（オンライン・パブリック・アクセス・カタログ）の略称。オンラインで行う図書館における所蔵資料の検索システム。

●オープンイノベーション：
組織内部の改革や開発（イノベーション）を促進するために、意図的かつ積極的に内部と外部の技術やアイデアなどの情報資源の流出入を活用し、その結果組織内で生み出したイノベーションを組織外に展開していくこと。

●オープンアクセス：
査読をクリアして掲載された論文がインターネットを通じて誰でも無償で読めること。

●オープンアクセス運動：
研究成果（主に研究論文）を自由に誰でも読めるようにすることを目指す運動。リポジトリに論文をアップロードする方法、またはオープンアクセス雑誌に掲載するという二つの方式が存在する。

●**機関リポジトリ：**

大学や研究機関が、所属する研究者の研究成果や学生の学位論文などの学術情報を電子的にアーカイブ・公開するためのシステム。

●**研究データ：**

研究の過程、あるいは研究の結果として収集または生成される情報。たとえば測定値や図表をまとめた電子ファイルや、プログラムによる計算結果などの電子データ、実験ノートに手書きで記録した紙媒体、実験で作製したサンプル、インタビュー調査の音声記録などさまざまある。

●**研究データ管理：**

Research Data Management（リサーチ・データ・マネジメント）、略してＲＤＭとも言う。ある研究プロジェクトで使用または生成された情報をどのように整理、保存、共有、公開するか、などを定め、実践すること。

●**コアメンバー：**

組織内における中核の一員。

●**国立情報学研究所：**
https://www.nii.ac.jp/
情報学の分野において、基礎研究から社会課題の解決を目指した実践的な研究を推進している学術総合研究所。

●**国立大学図書館協会オープンアクセス委員会：**
https://www.janul.jp/ja/projects/defunct/oa
学術情報のうち主として大学が生産する教育研究成果の発信及びオープン化と保存に取り組み、大学における教育研究の進展及び社会における知の共有や創出の実現を図ることを目的として設立された委員会。令和三年六月二十五日の第六十八回総会にて、別委員会と統合のため廃止された。

●**査読：**
学術雑誌に投稿された論文をその分野を専門とする研究者が読み、内容の妥当性などを確認し、掲載に値するかを検証、審査すること。

●**ジャーナル：**

雑誌や新聞などの定期刊行物。

●**ステークホルダー：**

企業・行政・NPOなどの組織において何らかの影響を組織に及ぼす存在。日本語で利害関係者とも言い換えられ、株主、経営者、従業員、顧客、取引先などが含まれる。

●**統合イノベーション戦略推進会議：**

https://www8.cao.go.jp/cstp/tougosenryaku/kaigi.html

イノベーションに関連が深い司令塔会議（総合科学技術・イノベーション会議、高度情報通信ネットワーク社会推進戦略本部、知的財産戦略本部、健康・医療戦略推進本部、宇宙開発戦略本部及び総合海洋政策本部並びに地理空間情報活用推進会議）について、横断的かつ実質的な調整を図るとともに、同戦略を推進する内閣府が設置した会議。官房長官が議長を務める。

●**大学図書館コンソーシアム連合（JUSTICE）：**

https://contents.nii.ac.jp/justice

電子ジャーナルなどの電子リソースに係る契約、管理、提供、保存に係る総合的な活動や、それらの業務に携わる人材の育成などを通して、わが国の学術情報基盤の整備に貢献することを目的としている団体。

●**タスクフォース：**
組織内部で緊急性の高い問題の解決や企画の開発などを行うために一時的に構成される組織のこと。

●**データポリシー／研究データポリシー：**
研究データの管理・活用に関する組織としての方針のこと。

●**転換契約：**
従来別々に支払っていた、論文閲覧のために大学などが出版社に対して支払っている費用（購読料）と、論文出版のための費用（論文掲載料、APC）を、一括で支払える仕組みに段階的に転換する契約のこと。論文のオープンアクセス出版の拡大を目指し、多くの事例が報告されている。

●**電子ジャーナル：**
コンピュータ端末の画面を利用して閲覧する電子化された雑誌のこと。主に学術雑誌が電子化されたものを指す。インターネットで閲覧できるものも多く、オンライン・ジャーナルともいう。

●NACSIS－CAT／ILL（ナクシス・キャット／ナクシス・アイエルエル）：
NACSIS－CAT、NACSIS－ILLをまとめた表現。NACSIS－CAT（CATaloging system）は、国立情報学研究所が提供する日本最大、全国規模の総合目録・所在情報データベースのこと。NACSIS－ILL（Inter-Library Loan）は、図書館間で行われている相互に資料を貸借するための連絡のやり取りを電子化したシステム。NACSISは国立情報学研究所の前身組織・学術情報センター（The NAtional Center for Science Information Systems）の略称。

●ハゲタカジャーナル（粗悪学術誌）：
論文の著者から高額の論文掲載料を得ることのみを目的とし、査読を適切に行っていない、低品質の論文を掲載するオープンアクセス形式の学術誌のこと。

●被引用度：
その論文が他の論文に引用された回数（被引用数）を、他の論文と比較した割合。被引用度が高いことがその研究分野にどれほど大きなインパクトを与えたかの目安となっている。

●プレプリント：

学術雑誌に正式な論文として発表される前段階の論文。従来、研究者間で直接配布されるものだったが、インターネットの普及により、プレプリントサーバに登録することでＷｅｂ上に広く公開し、より多くの研究者からフィードバックを得る機会が増えている。

●ベンチマーク：

物事の基準、指標となるもの。もともとの語義は、測量の分野において使用される標識である水準点のこと。

●メタデータ：

あるデータの属性や関連する情報を記述したデータのこと。文書データであれば、タイトルや著者名、作成日などがメタデータに該当する。

●ＵＲＡ（ユーアールエー）：

University Research Administrator（ユニバーシティ・リサーチ・アドミニストレーター）の略称。大学でのＲＡおよびそれを担う人材。

●ラーニング・コモンズ：

学生が効率的に学習を進められるよう、大学図書館に設置された場所や施設、人的支援も含めた総合的な学習環境のこと。

●レファレンス／レファレンス・サービス：

図書館利用者の質問・相談を受けて、図書館員が調べものに必要な資料や情報を探し出す支援をする業務のこと。

あとがき

私が大学院生だった頃、所属していたラボの教授が年々忙しくなり、学生とのコミュニケーション時間が徐々に取りづらくなっていく姿を目の当たりにしました。研究者がもっと研究に集中できる時間を確保し、またその環境作りはどうすればよいのか……？　今思えばそのときの経験が、URAになるきっかけの一つだったかもしれません。

本書で触れたとおり、この後がきを書いている二〇二四年現在、URAの仕事内容は多岐にわたっており、必要スキルや業務範囲も大学のミッションによって異なります。また、URAという職種の認知度もまだ決して高いとはいえません。このようにURAは、まだまだ仕事や立場を自ら切り開かなければならない側面がありますが、それが逆に面白いところでもあると思います。

私のある日の講演をお聞きになったDBジャパン様から、RAをテーマとした司書トレ作成依頼のご連絡を受けたのが二〇二一年三月のことでした。さらに司書トレの内容を発展させて、このたび書籍化の話をいただく運びとなりました。研究者は、直接的な研究活動以外の業務に不慣れな場合が少なくありません。今回、RAと司書業務の類似性という観点を本書に盛り込んだのは、大学の図書館司書という専門性がどう研究支援につながるかを意識した学びの方向性を提示できるのではないかと考えたからです。本書はRAに関してごく初歩的な説明に留まりますが、URAが配置されている大学の図書館に勤務されている方も、そうでない方も、最先端の研究に触れ、研究活動の支援に携わることができる、そういう視点から本書をご活用いただければ幸いです。

梶野顕明

＜参考文献＞

○参考書籍
『オープンサイエンス革命』マイケル・ニールセン著、高橋洋翻訳、紀伊國屋書店

○参考サイト
「電子ジャーナルの効率的な整備」文部科学省
https://www.mext.go.jp/b_menu/shingi/gijyutu/gijyutu4/toushin/attach/1282999.htm

「URAスキル標準」東京大学
https://www.mext.go.jp/component/a_menu/science/micro_detail/__icsFiles/afieldfile/2014/07/14/1349628_01.pdf

「URAスキル認定制度」一般社団法人リサーチ・アドミニストレータースキル認定機構
https://www.crams.or.jp/

「早稲田大学における電子ジャーナルの利用実態に関するアンケート調査」概要報告、早稲田大学図書館
https://www.waseda.jp/library/assets/uploads/2019/07/01_Summary_jp.pdf

「統合イノベーション戦略推進会議（第9回）」内閣府
https://www8.cao.go.jp/cstp/tougosenryaku/9kai/9kai.html

「国立研究開発法人におけるデータポリシー策定のためのガイドライン」内閣府
https://www8.cao.go.jp/cstp/stsonota/datapolicy/datapolicy.pdf

梶野《かじの》 顕明《けんめい》

2012年、名古屋大学大学院工学研究科博士課程修了、博士（工学）。国立研究開発法人情報通信研究機構・研究員を経て2015年3月に茨城大学大学戦略・IR室URA（University Research Administrator）として着任。2018年度より、茨城大学研究・産学官連携機構URA。主に理工系分野の研究支援を幅広く担当している。科研費をはじめ各種競争的研究費の申請支援、組織的な産学官共同研究の推進、研究力分析、その他全学的な研究戦略推進および研究環境整備に係る業務に従事。令和元年度文部科学省『リサーチ・アドミニストレーターに係る質保証制度の構築に向けた調査研究』ならびに令和二年度文部科学省『リサーチ・アドミニストレーターの認定制度の実施に向けた調査・検証』ワーキンググループ委員。

「教えて！先生シリーズ」
梶野先生。大学の先生に喜ばれるレファレンスって何をすればいいの？
〜ストーリーでわかる研究活動サポートの考え方〜

ISBN：978-4-86140-465-8
C0000

2024年3月31日　第1刷発行

監修	梶野顕明
発行者	道家佳織
編集・発行	株式会社DBジャパン 〒151-0073　東京都渋谷区笹塚1-52-6　千葉ビル1001
電話	03-6304-2431
FAX	03-6369-3686
E-mail	books@db-japan.co.jp
表紙イラスト	あさな
イラスト協力	日本工学院専門学校 クリエイターズカレッジ　マンガ・アニメーション科
印刷・製本	大日本法令印刷株式会社